THE F***ING HUMAN FACTOR (*)

Comment planter ou réussir sa startup grâce à l'humain

*LE P***IN de FACTEUR HUMAIN

« Se poser la question de l'importance de l'humain dans le succès de sa startup, c'est comme se poser la question de l'importance pour une voiture d'avoir 4 roues. Je ne vois pas comment on peut attribuer son succès à autre chose qu'à l'humain. »

Catherine Barba Chiaramonti, (ex-DG d'IFrance. Fondatrice de Cashstore.fr puis de Malinéa revendu à Veepee. Depuis 5 ans aux US : créatrice du Pepslab (observatoire sur la transformation du retail) organisatrice d'events, investisseuse (essentiellement en early stage, et notamment dans Leetchi)

INTRODUCTION

20 000

C'est le nombre de startups en France en 2019.[1]

Si c'est une bonne nouvelle pour le paysage économique français, cela ne dit toutefois rien des chances de survie de ces 20 000 aventures. En effet entre 60 et 75% des startups échouent[2] . C'est certes bien plus optimiste que le taux de 90% devenu le moto de tout l'univers startups, mi-fataliste, mi-fier de ne pas (encore ?) faire partie de cette vaste majorité - mais ça reste une majorité. On peut aussi se dire que 25 à 40% des startups réussissent. Pour comparaison, le taux moyen d'échec des entreprises "non startups" est de 25% au bout d'un an, de 50% au bout de 5 ans.

Les principales raisons de l'échec de ces startups sont connues et ont été analysées par CB Insight[3] .

---

[1] Basé sur un taux de création des startups qui a augmenté de 30% par an entre 2012 et 2015 selon l'Agence du Numérique : Rapport d'activité 2015-2016 **https://www.entreprises.gouv.fr/files/files/directions_services/agence-du-numerique/rapport-activite-Agence-du-Numerique.pdf**

[2] Wydden : les chiffres clés des startups en France **https://wydden.com/chiffres-cles-startups-france/#Taux_dechec_des_startups**

[3] CB Insights : Top 20 reasons why startups fail

Elles se divisent en 3 grandes catégories :

- Business (problèmes de product / market fit),
- Financières (manque de liquidité ou d'investissements),
- Humaines (tout ce qui touche à l'humain donc)

Parfois, c'est un mix de ces problèmes qui fait qu'une startup dépose le bilan. Souvent, cela aurait pu être évité. La bonne nouvelle est que les deux premières causes ont été largement explorées et de nombreux outils existent pour tenter d'éviter le naufrage business ou financier. C'est malheureusement beaucoup moins vrai pour la troisième... Et pourtant, elle est souvent à l'origine du succès ou du plantage du projet. L'humain ne se met pas en équations ni en tableurs, et même s'il est le facteur le plus complexe à envisager à l'avance, il existe toutefois des constantes qui se répètent d'une startup à l'autre : c'est tout l'objet de ce livre.

Mais que se cache-t-il derrière le terme "facteur humain" ? Pourquoi est-il si important d'y prêter attention dans sa startup ? Le facteur humain c'est l'impact des fondateurs, leur entente, c'est la création et l'animation de l'équipe, le choix et la relation avec les investisseurs, l'écoute et le suivi des clients, l'importance de l'entourage, l'écoute, l'alignement de tous sur un même projet, dans une organisation fluide, mouvante, et stricte à la fois dans laquelle la hiérarchie d'aujourd'hui ne sera pas celle de demain, où les fondateurs surdoués deviendront des salauds de patrons et où le rêve et l'idéal devront résister à la réalité... Une réalité complexe qui rend difficile le tri à faire entre les enjeux humains ayant un impact direct sur le destin de l'entreprise et... le reste, tout le reste.

L'approche de cet ouvrage est toutefois la plus scientifique et la plus pragmatique possible. Il est construit sur la base de recherches extensives au sein de la littérature scientifique consacrée à ces sujets, de nombreuses analyses de dépôts de bilans, de plus de 300 post mortem et success stories, ainsi que d'entretiens avec des dizaines d'entrepreneurs ayant rencontré le succès ou ayant connu l'échec. L'ambition n'est pas d'établir ici la liste exhaustive des bonnes pratiques garantissant le succès d'une startup ou une trajectoire assurée vers le statut de licorne, mais d'offrir un outil pédagogique et directement actionnable destiné aux entrepreneurs, créateurs, investisseurs, accompagnateurs, coachs, mentors, ... pour mieux appréhender les enjeux humains qui vont inévitablement jalonner le quotidien de leur aventure.

A l'issue de ce travail de recherche approfondi, 5 composantes apparaissent clairement comme les principaux leviers humains qui peuvent, sinon garantir la réussite, au moins diminuer les risques de l'échec. Toutes les startups passées au crible présentent ces 5 éléments majeurs, qu'elles aient déposé leur bilan ou poursuivent harmonieusement leur développement. Celles qui réussissent excellent sur les enjeux ci-dessous et celles qui se sont plantées ont très souvent échoué pour au moins l'une de ces raisons...

Les 5 enjeux humains clés sont :

1. La capacité à s'entourer des bonnes personnes (et à les écouter !)

2. L'alignement entre les individus clés

3. La bonne équipe et la bonne organisation au bon moment

4. La relation de l'entrepreneur à son travail au quotidien

5. Le leadership ou la manière de manager les équipes

ENJEU 1 :

S'entourer des bonnes personnes (et les écouter !)

L'entreprenariat, avec ses codes, ses challenges et son intensité, peut rapidement vous isoler *du monde réel.* Cela va très vite de se concentrer uniquement sur des *vanity metrics,* les prochaines levées de fonds et les problématiques urgentes du jour, sans regarder ce qui se passe autour de vous, travaillant "le nez dans le guidon"... Vous risquez de passer de plus en plus de temps dans votre bulle, pour le meilleur et pour le pire.

Pour ne pas tomber dans ce piège de l'isolement, il n'existe qu'une seule solution : s'entourer de personnes qui vous obligent à enlever vos œillères. Expert, incubateur, mentor, coach ou pair : il est primordial de s'entourer d'un réseau solide et d'y avoir réellement recours.

1) Bien s'entourer

Lorsqu'on vit dans une grande ville, les opportunités de rencontrer d'autres membres du Club, des pairs ne manquent pas. Accompagnateurs institutionnels, groupes de pairs, conseillers stratégiques, coachs et mentors : tous jouent leur propre rôle.

S'il n'est pas difficile aujourd'hui d'avoir accès à ce type d'accompagnement, attention cependant à l'effet Dunning-Krüger : « *les moins qualifiés dans un domaine surestiment souvent leur connaissance.* » Contrairement à l'adage : tout conseil n'est donc pas bon à prendre !

Petit tour d'horizon de l'entourage à se constituer :

A. Les structures d'accompagnement : incubateurs, accélérateurs et autres réseaux d'entrepreneurs.

Bien connues des startupeurs, les structures d'accompagnement présentent de nombreux bénéfices. Puisque ce sont des organismes dédiés à l'entreprenariat, ils proposent en effet un environnement privilégié : locaux à moindre coût, formations, accès à un réseau de qualité, proximité avec les autres startupeurs...

Se faire accompagner par l'un d'entre eux permet, au niveau humain, d'être en contact régulier avec des pairs, mais aussi de vrais experts sur différents sujets : marketing, comptabilité ou juridique, pour ne citer qu'eux. Pour rappel, une startup qui se fait suivre par une structure d'accompagnement a 2 fois plus de chances de réussir qu'une startup qui ne bénéficie pas de ce suivi[4] .

---

[4] La boussole : Pourquoi se faire accompagner **https://laboussole.io/pourquoi-se-faire-accompagner/**

A l'inverse, ne pas se faire accompagner peut provoquer des effets négatifs à court et à long termes : isolement, manque de perspectives extérieures, mauvaise direction, perte de focus sur ce qui importe vraiment, etc.

La question qui se pose est donc : comment choisir la bonne structure d'accompagnement ?

Voici quelques conseils pour vous orienter :

1. Déterminer les besoins d'accompagnement en fonction de la maturité de votre startup

2. Vérifier la compatibilité de l'offre réelle de la structure d'accompagnement avec vos besoins

3. S'assurer que la contrepartie exigée en vaut la peine

4. S'appuyer sur les retours d'autres entrepreneurs accompagnés pour vérifier la valeur apportée

5. Choisir une structure avec laquelle vous vous entendez et rencontrez leurs alumnis

6. Ne pas hésiter à s'entourer de plusieurs structures aux prestations complémentaires sans trop en cumuler en fonction de vos besoins

Pour vous orienter dans cette profusion d'options, un seul acteur : la boussole (**https://laboussole.io/**), dont le rôle est précisément d'orienter les startups vers les structures d'accompagnement les plus adaptées à vos besoins. Nous recommandons fortement la lecture de leur guide à ceux qui souhaiteraient approfondir.

> « *La raison d'être de La Boussole des Entrepreneurs, c'est de rassembler les accompagnateurs au service de l'entrepreneur. Nous avons créé cette association en janvier 2019 afin de permettre aux différentes structures d'accompagnement de mieux se connaître, de collaborer davantage et de partager leurs bonnes pratiques pour développer un parcours d'accompagnement cohérent et durable pour les entrepreneurs. En tant qu'accompagnateurs, nous avons la responsabilité d'apporter aux entrepreneurs un accompagnement sain. Cela passe par plusieurs enjeux :*
>
> **Décomplexer l'entrepreneur et le soutenir :** *l'une des valeurs apportées par les structures d'accompagnement c'est que les entrepreneurs ne se retrouvent pas seuls, et se rendent compte que bien d'autres passent par les mêmes difficultés qu'eux. C'est un grand soulagement et mieux encore une source de motivation et de solutions dès lors qu'une dynamique de co-développement est intégrée à l'accompagnement et que les alumnis sont impliqués également.*
>
> **Proposer un terrain d'apprentissage et de prise de**

conscience : *l'accompagnement est caractérisé par des rendez-vous, des espace-temps dédiés qui permettent une prise de recul à l'entrepreneur et le sortent de sa course quotidienne. C'est la pertinence du choix des intervenants en fonction de leur expertise et de leur pédagogie qui est clef pour permettre aux entrepreneurs d'intégrer les conseils, les avertissements, et les recommandations*

Aider l'entrepreneur à porter un projet qui soit en cohérence avec lui-même : *le rôle d'un accompagnateur est d'aider l'entrepreneur à construire son propre projet, et non pas de l'orienter vers une solution « idéale ». Ce projet peut prendre bien des formes (PME, association ou startup ; tech ou produit physique ; local ou international ; B2C ou B2B, etc.) et c'est notamment pour permettre aux entrepreneurs de pouvoir identifier l'accompagnateur le plus pertinent en fonction de son projet que nous avons développé la Boussole des Entrepreneurs.*

Un point à noter pour les entrepreneurs, est d'éviter l'écueil de croire que parce qu'ils ont été sélectionnés par une structure d'accompagnement leur projet va marcher. Une structure d'accompagnement est un terreau très fertile et un vrai soutien, mais cela ne suffit évidemment pas pour que le projet réussisse, tout reste entre les mains de l'entrepreneur.

Il est d'ailleurs possible de créer autour de soi un

écosystème d'accompagnement avant même de rejoindre une structure. Rappelons qu'à une époque les incubateurs et accélérateurs n'existaient pas, pourtant les entrepreneurs créaient... ! »

Maëva Tordo, Co-Présidente de La Boussole et Directrice de la Blue Factory ESCP

B. Les groupes de pairs.

Prendre le temps de rencontrer mais aussi de tisser des liens avec d'autres startupers est essentiel ! Entreprendre peut être isolant et épuisant. Avoir un groupe de pairs vers lequel se tourner permet de combattre l'isolement et d'alléger sa charge mentale en plus de pouvoir éviter certains angles morts dans les décisions stratégiques et quotidiennes !

S'entourer de personnes qui ont les mêmes aspirations, problématiques et responsabilités - sans pour autant vivre la même aventure - permet d'avoir un regard nouveau, mais aussi de renforcer un sentiment d'appartenance envers la communauté d'entrepreneurs.

En cas d'impasse ou de coup dur, les pairs permettent de rebondir plus rapidement en vous remotivant. En cas de succès, ils célèbreront avec vous ! Au quotidien, ils sont une ressource précieuse vers laquelle se tourner : ils vous offrent du feedback, leur expertise ou même leur réseau pour vous aider à avancer.

Si ce groupe de pairs provient de la même industrie que vous, ils vous apportent par ailleurs des conseils précieux : 55% des experts d'industrie et concurrents ont en effet les bons pronostics quant au succès ou à l'échec de votre startup - contre 40% des investisseurs dont le jugement est souvent trop pessimiste[5] . Aussi étonnant que cela puisse paraitre vos pairs seront donc de meilleurs alliés de ping pong intellectuel que vos investisseurs ou vos clients sur certains sujets !

Se rassembler avec des personnes du même secteur n'est toutefois pas obligatoire tant la diversité des profils et des projets de vos pairs peut enrichir vos réflexions et proposer des nouvelles perspectives à chacun.

" *Pour les entrepreneurs, la curiosité est un facteur de succès : quand on est ouvert, à l'écoute et sans dogme, on va plus vite car on apprend plus vite. Comme l'écosystème startup évolue très rapidement, il est capital de se nourrir et d'écouter d'autres avis. La pollinisation des meilleures pratiques entre acteurs du marché permet de réduire la courbe d'apprentissage.*

Il faut aussi avoir parfois l'humilité de considérer que l'on

[5] "Predicting new venture survival: an analysis of "anatomy of a startup"" de William Gartner
https://www.researchgate.net/publication/223402407_Predicting_new_venture_survival_An_analysis_of_anatomy_of_a_start-up_cases_from_Inc_Magazine

n'est pas en capacité, lorsque l'on est seul, de prendre les bonnes décisions s'il y a des problématiques métiers ou marché que l'on ne connaît pas. D'où l'intérêt de se constituer un solide réseau d'experts, sur des verticales spécifiques. Un entrepreneur a besoin, pour performer, de s'entourer de talents en internes et d'experts externes. Il peut notamment décider d'intégrer un ou plusieurs Board Member indépendants.

La communauté nous semble tellement essentielle qu'elle fait partie de notre proposition de valeur chez Daphni. Tous les entrepreneurs et managers des sociétés de nos portefeuilles peuvent à tout moment solliciter les membres de notre communauté. Ces derniers ont des expériences variées, des expertises reconnus et sont géographiquement répartis dans le monde entier. »

Pierre-Eric Leibovici, Partner & co-fondateur de Daphni

Comment constituer un groupe de pairs ?

Pour constituer votre groupe de pairs, 2 approches se présentent à vous :

- Rencontrer des startupers (vos pairs) par exemple via les multiples évènements destinés aux entrepreneurs, souvent relayé sur Meetup ou Eventbrite. Le plus simple étant encore de rencontrer de nombreuses personnes et de ne pas hésiter à proposer des rencontres régulières en cas de bon « match ».

- Rencontrer des entrepreneurs en ligne, via des groupes Facebook ou LinkedIn. Vous pouvez choisir de vous rencontrer en personne, auquel cas l'aspect local sera important, ou décider d'échanger en ligne, et vous pourrez vous connecter avec des entrepreneurs du monde entier ! Petit conseil : c'est un échange. Évitez donc d'arriver en mode arrogant, sachant, donnez de vrais chiffres, exposez vos problèmes, vos solutions aussi, évitez la langue de bois, n'hésitez pas à demander conseil mais ne prenez pas non plus tout comme la vérité absolue, ...

Décidez ensuite de la raison d'être de votre groupe : *s'agit-il de se donner du feedback ? D'apprendre ensemble sur un sujet précis ?* De se soutenir ? Définissez la structure de vos rencontres et leur fréquence - généralement, chaque entrepreneur a un temps imparti pour exposer sa situation et poser des questions.

Enfin, n'oubliez pas de prendre du plaisir. Un format de dîner ou apéritif est une très bonne idée pour lier l'utile à l'agréable !

De manière un peu différente, il est également possible d'adhérer à des masterminds : ces groupes payants qui rassemblent des entrepreneurs autour d'un mentor sur une durée définie. Plus formel, l'engagement financier garantit que les membres soient tous impliqués sur la durée. Ces trois approches ne s'excluent pas forcement d'ailleurs.

Au final monter un groupe de pairs n'est vraiment ni complexe ni coûteux mais, pour autant, le réflexe peut être de ne pas « formaliser » le groupe et donc de passer à côté d'une belle opportunité de bien s'entourer. En effet, c'est une chose d'avoir un groupe de pairs ou un réseau. Le rencontrer, l'écouter et bénéficier de toute sa valeur est une toute autre discipline qui nécessite parfois un peu de « cadre » !

C. Les boards

Les boards meetings ne sont pas que là uniquement pour contrôler la trajectoire de votre startup : ils sont aussi là pour permettre une lecture moins quotidienne et moins émotionnellement engagée de la stratégie à suivre ! Il est crucial d'éviter à tout prix un schéma de board dans lequel les fondateurs présentent la situation sous son meilleur jour pour ne pas inquiéter et où les actionnaires sont là pour relever les compteurs. Dans le scénario utile, les intérêts doivent être alignés : un bon board n'est ni un conseil de classe ni une réunion avec votre banquier !

Rien n'empêche en effet d'utiliser votre board d'actionnaires pour prendre de la hauteur sur le quotidien de votre startup, voire d'y inclure des personnes qui ne sont pas actionnaires de votre entreprise. Celles-ci ont le mérite d'être objectives et apportent des conseils et avis éclairés, par exemple une connaissance spécifique d'un marché. Il est aussi possible de créer un board parallèle au board d'actionnaires : *un advisory board* ou *un board scientifique* par exemple.

En plus des critères "classiques" - intérêt, investissement financier, clauses, valorisation bancaire, pedigree - prêtez ainsi attention à ce qu'une structure d'investissement vous apporte en termes d'accompagnement humain : comme mentionné plus haut, la structure peut mettre à votre disposition des experts, son réseau, prodiguer des conseils, voire même vous rendre visite plus régulièrement. Soyez bien sûr d'être sur la même longueur d'ondes concernant l'implication de la structure sans toutefois laisser votre investisseur devenir votre patron ou se mêler de la gestion de votre startup...

" *Un investisseur ne peut pas être un entrepreneur refoulé. Il faut qu'on puisse lui parler de nos problèmes sans qu'il panique. Si tu as à la fois du financement et des gens bien, c'est grand luxe pour un entrepreneur ! Par le passé, il m'est arrivé de renoncer à un investisseur qui se prenait pour mon patron. J'ai beaucoup de respect pour les investisseurs mais ils doivent jouer leur rôle en sachant écouter l'entrepreneur, pas en prenant sa place. »*

Jérôme Lascombes, fondateur d'Hopscotch puis de Wiztopic

Si vous choisissez bien vos investisseurs, vous trouverez des alliés précieux qui sauront vous accompagner tout au long de l'aventure, bons comme mauvais jours. N'oubliez pas que les investisseurs sont eux aussi en quête de startupeurs à accompagner. Ne désespérez donc pas : votre allié n'est peut-être pas si loin !

“ *La confiance est primordiale entre un investisseur et un entrepreneur. Le statut d'investisseur occasionne trop souvent une certaine pudeur de la part de l'entrepreneur. Or la confiance me paraît être la condition nécessaire pour la transparence et la communication tout au long de la relation. Les intérêts peuvent se désaligner au cours de la vie d'une entreprise.*
L'entrepreneur créant parfois un projet de vie, alors qu'un fonds est là pour garantir un gain financier à ses investisseurs sur un horizon de temps fini. Dans le cas où l'hyper croissance n'est pas là et où la performance est en-deçà des attentes du début, il faut instaurer le climat permettant d'en parler le plus tôt possible et en toute transparence. Il peut alors être temps d'évoquer la rentabilité et l'autonomie financière, ou de se dire que d'autres acteurs de l'écosystème seront mieux placés pour l'étape d'après s'il n'y a pas de refinancement. En tout état de cause, s'il y a un désalignement et que ça se finit mal, c'est qu'il y a eu une rupture de communication et un manque de transparence. »

Marion Chanéac, Partner au fond Cap Horn

Et il arrive que vos investisseurs, futurs membres du board, puissent vous choisir pour vos qualités humaines encore plus que sur votre projet :

« *Chaque fois que j'ai privilégié l'idée, je me suis plantée. J'ai perdu de l'argent. J'investis très early stage, c'est donc un énorme pari, et la seule chose sur laquelle tu peux t 'appuyer ce sont les gens, leur capacité d'écoute, la capacité à pivoter, à bosser. J'investis avec des gens avec qui j'ai envie de me « cogner » un board tous les mois, je me demande à chaque fois si mes meilleurs amis auraient envie de bosser chez eux. Quand tu es en early stage l'humain compte à 3000% »*

Catherine Barba, ex-DG d'iFrance aux côtés de Marc Simoncini, Fondatrice de Cashstore, de Malinéa, investisseuse en early stage sur Leetchi,

« *J'ai investi dans 150 boites : j'investis sur une idée et des gens mais d'abord sur les gens. C'est évidemment l'entrepreneur qui fait qu'on y va. Sa vision, sa façon de l'expliciter, de s'accrocher, son bon sens, son réalisme, sa capacité à être têtu mais pas buté. Ce qui me plait c'est que je suis souvent moi même client du projet. L'exemple c'est Virtuo : je cherchais depuis des années un truc comme ça, un système où je pouvais avoir une voiture de location à disposition quand j'en ai besoin, là où je suis, simplement, avec une clé livrée sur mon portable. Les deux créateurs sont malins, ils ont une vision du futur et m'amènent un vrai service. Au final, j'ai investi.* »

Jean-David Blanc, fondateur d'Allo Ciné, fondateur de Molotov

D. Les coachs de dirigeants

A mi-chemin entre le coach sportif de haut niveau et le thérapeute professionnel, souvent anciens patrons ou entrepreneurs, les coachs de dirigeants sont des professionnels de l'humain et des relations entre humains. L'approche est simple quoique méconnue en France : le « coaching » est un outil permettant de répondre aux enjeux humains professionnels les plus importants. Qu'il s'agisse d'un fort désalignement entre associés, d'un besoin de « passer un cap » en termes de leadership, des problématiques qui freinent les dirigeants, de la difficulté d'un nouveau venu à s'intégrer dans l'équipe dirigeante, ..., le coach est là pour permettre aux dirigeants, comme à leurs équipes ou à leur organisation, de débloquer ce qui pouvait sembler fermement bloqué, cassé ou en sous potentiel.

Grâce à une approche "maïeutique", le coach vous apprend à puiser dans vos ressources intérieures, pour pouvoir faire face aux prochains challenges, seul, tout en vous confrontant pour vous permettre de voir vos propres « nœuds » de l'extérieur. Le coach est l'allié du ou des fondateur(s) qui aimerai(en)t se libérer des problématiques qui le(s) empêchent d'avancer, ou juste les aider à répondre en transparence, vis-à-vis d'eux-mêmes, aux questions qui les hantent... Vous avez du mal à vous représenter cela ? Filons l'analogie du coach sportif. Votre coach sportif vous aide à construire votre objectif personnel, il ne sait pas par avance ce que vous voulez faire et n'a aucun avis sur ce que vous « devez » faire. Il vous pousse pendant les séances pour que vous alliez plus loin que ce que vous faites au quotidien, il vous permet de donner le maximum. Il vous booste quand vous faites des progrès et n'hésite pas à vous mettre face à vos responsabilités lorsque vous n'avez pas « bossé » entre les séances. Il est là dans les moments de découragement et adapte le programme pour qu'il fonctionne pour vous. Remplacez les objectifs sportifs par des objectifs professionnels, et vous ne serez vraiment pas loin de la réalité !

A contrario d'un thérapeute par exemple, les coachs travaillent sur une durée courte, de 6 à 9 mois. Là où la thérapie cherche à analyser le passé, le coaching est tourné vers l'avenir et l'accomplissement d'objectifs. C'est un soutien particulièrement efficace sur les problématiques humaines ou de leadership.

Selon une étude de McKinsey & co, le retour sur investissement moyen dans les entreprises ayant eu recours à un programme de coaching professionnel est saisissant. D'après Forbes, les organisations qui ont une culture du coaching obtiennent ainsi un ROI de 529% ![6]

---

[6] Forbes, **https://www.forbes.com/sites/forbescoachescouncil/2017/03/13/how-coaching-really-works-and-how-to-make-the-most-of-it/#3db199986ba9**

“ *Au moment de ma rencontre avec un coach lors d'une Master Class, je me suis rendu compte que si je n'évoluais pas, Synchronized n'évoluerait pas non plus. La prise de conscience était là ! Tout est lié - en plus de bien porter notre nom, cette forme de synchronicité est bien réelle, il faut être en capacité d'évolution et d'adaptation permanente pour que son entreprise soit en évolution et adaptation permanente.*

Grâce au coaching, j'ai remis de l'ordre dans mes pensées et fait tomber des barrières psychologiques - en d'autres mots : retrouvé la puissance. Une nouvelle dynamique personnelle s'est mise en place ce qui a entrainé une nouvelle trajectoire pour Synchronized. »

Guillaume Doret, fondateur Synchronized

Comment bien choisir son coach ?

Le coach fait partie des partenaires les plus proches de l'entrepreneur, il l'aide, en toute confidentialité, à avancer sur ses problématiques professionnelles en faisant occasionnellement des détours du côté de la vie personnelle. Se sentir en confiance et avoir un bon feeling sont donc les deux critères les plus importants à l'heure de choisir le coach avec qui travailler.

L'expérience de la personne, sa culture, mais aussi les recommandations et retours d'anciens clients sont d'autres critères à considérer. Attention, à ce sujet le coach est souvent contraint à une certaine forme de confidentialité vis à vis de ses clients. Il ne sera pas forcement simple pour le coach de vous donner toutes les références que vous attendez...

Également, privilégiez un coach qui « parle votre langue ». Il peut en effet parfois être délicat de parler la langue "startup" à un coach qui a toujours travaillé en grand groupe et ignore les acronymes incontournables comme les mœurs spécifiques des startups...

Enfin, rappelez-vous bien qu'il est normal que le coach joue plus un rôle de « miroir confrontant et étayant » que de conseiller. Sur les sujets humains, les conseils ne sont tout simplement pas la bonne approche pour avancer. Vous pouvez, par exemple entendre régulièrement de la part de vos associés et de vos investisseurs, qu'il serait temps d'apprendre à déléguer au vu de la très belle trajectoire que prend votre entreprise sans arriver à le faire. Ce n'est pas en vous répétant ce conseil en boucle que le déclic se fera ! Vous savez ce qu'il faut faire, ce n'est juste « pas si simple ». Si vous vous reconnaissez dans cet exemple, c'est qu'il est temps de prendre une autre approche pour décaler votre regard. Et seul c'est impossible !

“ *Le coaching est arrivé à un moment clé de ma vie. En fait, cela m'a aidée à assumer qui j'étais et à partir de ce moment-là, je me suis dit que plus jamais je ne serais quelqu'un d'autre. Créer ma startup a été ma libération.*

Le coaching a dénoué trois principaux axes :

1. Gérer ma générosité

2. Assumer que mon projet apporte de la valeur, y compris monétaire

3. Équilibrer mes deux vies : ma vie professionnelle et ma vie personnelle

1. Gérer ma générosité :

Je donnais trop, à trop de projets. J'ai appris à mieux donner, à gérer ma générosité et à ne pas m'épuiser, pour me centrer sur le plus important. Je consacre aujourd'hui cette générosité et mon énergie à Femmes de Santé et à HKind, la première application ouverte de mise en relation entre les initiatives de santé utiles et les acteurs de santé.

2. Assumer :

Avec HKind il a fallu aussi que j'accepte que pour atteindre notre ambition d'être "Le nouveau média de la santé démocratique participatif et éthique", on allait avoir besoin d'argent et on allait devoir le demander, cet argent. En fait, le coaching autorise le startuper à faire de sa société ce qu'il veut qu'elle soit. Cela m'a pris du temps avant de réussir à le dire. La Tech for Good a de la valeur !

3. Équilibrer mes deux vies :

Pour l'équilibre, j'ai un exemple : je suis invitée à un Afterwork très intéressant ce soir mais je suis fatiguée puisque j'ai eu beaucoup d'événements la semaine passée, je peux décider de ne pas y aller pour me préserver. »

Alice de Maximy, fondatrice de Hkind

E. Les mentors

Un bon mentor est un entrepreneur aguerri qui a déjà réussi. Le mentor a juste quelques étapes d'avance sur vous ! Il peut a priori vous permettre d'atteindre vos objectifs plus facilement.

Le mentor dispense des conseils pratiques et son savoir-faire. Sa motivation ? "*Give back to the community*" : faire profiter aux autres de ses apprentissages. Le mentoré bénéficie de l'expérience et des bonnes pratiques du mentor, quelqu'un qui connaît bien le marché et a un réseau solide. La relation entre le mentor et le mentoré est plus ou moins formelle, mais toujours personnelle.

Le mentoring produit de bons résultats : les mentorés ont 10% de moins de probabilité d'échouer que des non-mentoré[7]. Cette étude montre également que la distance géographique a son importance : la

---

[7] When Does Advice Impact startup Performance? by Aaron Chatterji, Duke Fuqua and NBER - Solène M. Delecourt, Sharique Hasan - Rembrand Koning **https://www.hbs.edu/faculty/Publication%20Files/advice-impact-startup_b2f0105d-95d3-4f6d-8ae1-63f54c868548.pdf**

relation est plus forte et produit de meilleurs résultats, si les deux parties sont proches.

Un mentor est quelqu'un qui a réussi - mais cela ne veut pas dire qu'il ait toutes les réponses ! Attention en effet à ce que le mentor ne prenne pas de décisions à votre place : malgré son expérience, deux situations ne sont jamais similaires. Le mentor dégage ainsi la voie au startuper, là où le coach amène celui-ci à trouver ses propres réponses et solutions, mais c'est toujours à ce dernier d'agir.

“ *Je pense qu'on apprend beaucoup de choses en faisant. Il y a des sujets sur lesquels on peut accélérer en trouvant les bonnes personnes à l'extérieur de la boîte, des personnes qui ont fait avant nous. Pour s'inspirer et apprendre, il faut être au contact d'autres entrepreneurs, de mentors.*

Par exemple, quand on opère dans un seul pays, c'est difficile de se projeter avec 5. En discutant avec des personnes qui sont passées de 1 à 5 pays, on peut anticiper des facteurs de risque ou détecter des opportunités de développement plus rapides. En fait on peut palper ce que ça va supposer de grandir comme ça, d'avoir une telle croissance. C'est vrai à tous les niveaux : organisationnel, business, recrutement... Chez Payfit, nous avons divers investisseurs et je sais en fonction du sujet que je veux aborder lequel il faut que j'aille voir. Aller consulter tout le monde ne sert à rien, il vaut mieux se tourner vers les plus adaptés pour nous répondre ! »

Firmin Zocchetto, co-fondateur et CEO de Payfit

Comment bien choisir son mentor ?

Un mentor se choisit en fonction de ses accomplissements, son expérience, mais aussi de ses valeurs. Là encore, il doit y avoir un bon fit, les deux parties doivent bien s'entendre.

Une fois trouvé, il est important de définir un cadre commun - les sujets sur lesquels le mentor va pouvoir vous accompagner - mais aussi le type de relation. Définissez ensemble la fréquence de RDV, vos disponibilités (pouvez-vous appeler votre mentor le soir par exemple ?) et aussi le contenu de vos réunions.

L'IME, l'Institut de Mentorat Professionnel, qui dépend de la CCI, est un organisme intéressant vers lequel se tourner à Paris : il matche mentors et mentorés et offre un cadre dans lequel ancrer cette relation. Des réseaux bien implantés comme le Réseau Entreprendre ou 60 000 rebonds par exemple sont d'autres beaux « viviers » de mentors aguerris !

Toutes les personnes et organismes mentionnés dans cette partie ont des avantages et caractéristiques différents, mais un but commun : soutenir la croissance non seulement de la startup, mais aussi de l'entrepreneur. Ces parrains, ces marraines, cet entourage professionnel, cet aréopage (on rêvait de le placer), choisis par vos soins, sont là pour vous soutenir et vous aider à surfer sur les vagues - parfois hautes, parfois basses - de l'entreprenariat.

Savoir écouter ce réseau !

Une fois entouré, encore faut-il prendre le temps de solliciter et d'écouter ses « alliés » : demander de l'aide, des mises en relations ou même des conseils n'est pas toujours facile, mais nécessaire pour grandir. 8% des startups citent ainsi le fait de ne pas avoir utilisé leur réseau dans leur rapport post-mortem[8] . Oui, il y a une différence entre avoir un réseau et l'utiliser à bon escient.

L'ouverture d'esprit, la capacité à écouter des avis différents du sien et à reconnaître que l'on n'a pas toutes les réponses, sont des qualités majeures des entrepreneurs à succès.

A l'inverse, refuser la critique ou faire la sourde oreille aux avis externes met en danger la startup en entier. Le risque est bien réel : louper un pivot par exemple - l'effectuer trop tard, mal, ou même pas du tout peut faire couler l'entreprise. C'est d'ailleurs la cause de décès de 7% des startups qui échouent selon CB Insights.

---

[8] CB Insights, **https://www.cbinsights.com/research/startup-failure-post-mortem/**

Concrètement, cela veut parfois dire faire passer les décisions communes avant ses propres idées - et surtout, avant son besoin d'avoir raison. C'est à pratiquer que l'on soit seul aux commandes, avec un ou plusieurs co-fondateurs, avec une équipe, un board ou encore une structure qui nous accompagne. Toutes ces personnes sont en effet là pour un même but : nous faire avancer.

Et il n'est pas tout d'écouter, il faut aussi appliquer. Prendre en compte les feedbacks, les incorporer dans sa feuille de route est fondamental et fait partie du quotidien des startups. La vision reste la même, mais l'exécution doit être flexible. C'est la différence entre être borné et être persévérant : différence subtile, mais qui a toute son importance[9] . Tout ne peut jamais être sous notre contrôle. Savoir rebondir, s'adapter, passer par la fenêtre quand une porte se ferme : là est la qualité principale des entrepreneurs ! C'est par ailleurs un des avantages compétitifs des startups sur les grands groupes qui, si ils ont plus de moyens, tombent souvent dans les méandres des process de décisions à rallonge.

Comment travailler sa flexibilité au quotidien ?

Si vous considérez que vous n'avez pas besoin d'être (plus) flexible, sachez que c'est un symptôme grave à prendre en compte : votre startup

[9] Huffington Post, **shorturl.at/gkoEl**

est en danger... si si.... A l'inverse, vouloir entamer ou perfectionner cette démarche est un bon signe !

Comme pour tout, il est ici utile de faire un audit de l'existant : à quel point êtes-vous flexible ? Vous pouvez demander l'avis de vos pairs, de votre équipe ou de votre mentor par exemple. Et ne vous vexez pas si la réponse ne vous convient pas, elle est utile et bienveillante...

Identifiez ensuite les situations qui appellent à la flexibilité : au travail et en dehors. Demandez... Puis obligez-vous à prendre un moment avant de réagir trop rigidement, puis souvenez-vous de votre résolution et assouplissez votre réaction... Essayez au moins...

Dernière étape, et pas des moindres : lâchez le contrôle ! Quels sont les risques que vous encourez en délégant ? Quels sont les enjeux derrière cette décision ? Soyez honnête. En fonction de leur degré réel d'importance, vous aurez votre réponse : garder votre cap ou lâcher du lest. Préparez-vous à l'inéluctable : sur la trajectoire de la transformation de votre entreprise en licorne, vous serez bien obligé de déléguer et de lâcher du lest, et pas qu'un peu... Entraînez-vous dès maintenant... Et pour les plus raisonneurs, même dans une petite organisation, vous n'échapperez de toute façon pas à ce besoin d'assouplissement de l'égo !

Si cela vous semble impossible, la méditation est un outil qui devrait vous aider au quotidien. Enfin, la flexibilité ou la rigidité sont des problématiques qui se travaillent très bien avec l'aide d'un coach de dirigeant.

L'équilibre à trouver.

S'entourer de conseillers, les écouter, c'est bien ... mais qu'en est-il de votre avis, de vos idées à vous ? C'est une question légitime et qui mérite d'être posée. Être entrepreneur nécessite en effet de trouver cet équilibre entre ouverture et fermeture, entre laisser entrer des idées extérieures dans sa startup et sélectionner celles qui seront appliquées.

C'est un art, une ligne fine à trouver au cas par cas. Vous restez à la tête de votre startup et donc capitaine de votre bateau. C'est important de le préciser : nul d'autre que vous n'a les mêmes expériences, connaissances ou perspectives. Et ce sont elles qui font que vous en êtes là aujourd'hui !

Il ne faut ainsi pas tomber dans l'excès de conseiller, mentors - ou même programmes en ligne, webinars, MOOCs et formations à tout va - qui ne servent parfois qu'à fuir les décisions à prendre. C'est l'apanage d'un leader que d'avoir à prendre des décisions. Aussi compliquées soient-elles.

L'indécision, le déni de ses responsabilités, ou même la procrastination sont au contraire très coûteux. Décider plus tard est parfois la pire des décisions à prendre. Souvenez-vous que le Congrès de la procrastination est toujours remis à demain... et qu'il n'aura donc jamais lieu… En clair : décidez !

Comment prendre de bonnes décisions ?

- **Poser les enjeux derrière la décision :** s'il s'agit de choisir la couleur du papier à lettre, cette décision peut être prise assez rapidement - voire même sans vous…

- **Déterminer les personnes qui ont leur mot à dire :** celles qui peuvent enrichir la conversation et celles qui la ralentissent sans bonne raison.

- **Laisser passer une nuit :** notre cerveau processe des informations pendant la nuit. Une pause peut par ailleurs nous permettre d'avoir un regard plus éclairé sur la question.

- **Travailler les compte-rendus :** documentez vos processus de prises de décisions et visitez ces rapports pour voir si des schémas identiques se présentent d'une prise de décision à l'autre

- **Changer d'environnement :** passer de la salle de réunion à une terrasse de café (par exemple) permet d'aborder les choses sous un nouvel angle. Aller faire un tour, partir en week-end à la mer, travailler depuis un coworking sont d'autres exemples qui marchent.

“ *Se constituer un réseau personnel pour pouvoir poser ses questions quand on a des interrogations précises est une réelle bonne pratique. Pour construire ce réseau, il faut accepter d'aller parler à des gens et se dire à la fin "c'était sympathique mais ce n'est pas la personne que j'appellerai pour mes sujets" ou "cette personne-là, sur ce sujet-là, c'est la première que j'appellerai" car la qualité des interactions doit primer sur la quantité.*

Attention, faire tous les évènements possibles de networking, être dehors matin et soir tous les jours, mais au final ne rien produire, c'est inutile. Pour que sa boite marche, il faut faire du business. Pour faire du business il faut rencontrer des gens, mais il faut rencontrer les bonnes personnes. Si on rencontre des clients ou des prospects c'est mieux que de ne rencontrer que des pairs à qui on dit que ça va marcher, des experts pour un énième avis sur un sujet secondaire...

À un moment, il faut se confronter au marché et garder le focus ! Là c'est une question de rythme et d'équilibre ; il faut se demander "quel est le temps que je veux consacrer à ça, à ce réseau" ? »

Kilian Bazin, co-fondateur de Toucan Toco

L'ENJEU 1 POUR LES FAST LECTEURS

S'entourer correctement est un catalyseur de réussite fondamental. Impossible de tout savoir et d'éviter les angles morts seul ! Pour constituer votre entourage sur mesure, voici un récapitulatif du chapitre.

Qui inviter dans son entourage :

- Les structures d'accompagnement (incubateurs, accélérateurs...)
- Les groupes de pairs,
- Les boards,
- Les coachs de dirigeants,
- Les mentors,

Chacun a un rôle précis et répond à différents besoins, n'hésitez pas à vous référer au chapitre pour bien intégrer la place de chacun et les bonnes pratiques à adopter.

Attention, s'entourer ne veut pas dire automatiquement bénéficier de cet entourage. Pour cela, il faut muscler sa capacité d'écoute et sa flexibilité ; avoir des retours sur sa problématique, son produit ou son équipe si on n'accepte pas la divergence d'opinion, n'apportera rien...

Enfin, la nuance finale est dans l'appréciation des avis externes tout en gardant votre place de capitaine du navire. Le décideur final, c'est vous ; c'est votre rôle ! La vision de l'entrepreneur reste la même, il sait exactement où il veut aller, mais l'exécution doit être flexible : c'est la différence entre être borné et être persévérant.

ENJEU 2 :

Aligner les individus clés

L'alignement est très important en startup ! C'est, concrètement, le fait d'être sur la même longueur d'ondes avec toutes les parties prenantes de l'entreprise qu'il s'agisse des associés, des investisseurs et des membres de l'équipe.

A l'image d'un bateau, une startup doit garder un cap clair. Si les membres de l'équipage ne sont pas tous d'accord sur la direction à prendre, alors le bateau n'ira nulle part. Il tournera en ronds plus ou moins concentriques. Ou pire : il coulera sous les bonnes intentions des personnes qui pensaient pourtant bien faire ou avoir raison. Si vous n'y croyez pas, louez une barque et faites l'exercice à deux rameurs...

Dans 36% des cas, l'échec d'un recrutement est causé par un désalignement culturel entre l'entreprise et le membre de l'équipe[10]. (Et d'ailleurs sur ce sujet précis vous trouverez plus de détails dans le chapitre 3)

---

[10] Vadequa, **http://www.job2-0.com/article-vadequa-pour-un-meilleur-fit-culturel-entre-candidats-et-entreprises-108957960.html**

1. L'alignement avec ses associés.

En startup, les fondateurs sont les capitaines du bateau. Mais pour cela, encore doivent-ils se mettre d'accord sur la destination à atteindre.

Lorsque les fondateurs regardent dans la même direction, alors le bateau peut avancer - et vite, sans détour inutile. Quel que soit le nombre d'associés, ceux-ci doivent s'aligner sur plusieurs points : la vision et les valeurs, les objectifs fondamentaux de la startup et le style de communication. Important : on peut décider de changer de direction, mais tous ensemble, et en ayant revisité tous les points clés de l'alignement initial pour en recréer un nouveau.

A. La vision & les valeurs, le WHY et le HOW...

Les associés ont donc une destination à atteindre en tête - leur vision - vers laquelle ils amènent leur navire - leur startup. Être d'accord sur ce point d'arrivée, mais aussi sur comment y parvenir, est donc fondamental.

Sur le sujet de la vision et des valeurs, la référence reste Simon Sinek, auteur de *Start with Why: How Great Leaders Inspire Everyone to Take Action (Editions Performance)* et surtout membre du très fermé club dix orateurs TEDX les plus vus. Selon lui, dans chaque entreprise tout le monde sait ce qu'il FAIT, le « WHAT ».

Tout le monde sait également COMMENT il le fait, le « HOW ». Pour autant, l'important est bien POURQUOI on le fait, le « WHY ». C'est précisément le WHY qui fait la différence entre les entreprises. Et c'est bien ce WHY, la vision, le sens, qui couplée à une mission, donne la raison d'être d'une entreprise. Ainsi, dans toute entreprise, le WHY se doit d'être clair et partagé !

Le HOW c'est la colonne vertébrale de l'entreprise qui regroupe la structure (la gouvernance, l'organisation et les règles du jeu) et la relation : notre manière de travailler ensemble, notre management.

Le WHAT, c'est l'ambition, comment et où sera l'entreprise dans 3 ans, ses objectifs et ses KPI's

Au final, le WHY joue un rôle majeur sur les questions de confiance et d'évitement du conflit. Le HOW joue sur l'engagement et la responsabilité tandis que le WHAT n'a d'influence que sur le résultat. Bien entendu, dans toute entreprise, c'est bien l'alignement des 3 qui fait la différence !

La première raison d'être de la vision, c'est donc de représenter un intérêt général commun qui réunit les fondateurs de la startup lorsqu'ils ne sont éventuellement pas ou plus d'accord. C'est un rêve profondément partagé, le point supérieur que l'on peut regarder dans la tempête ou quand la tourmente s'invite dans l'aventure. Et dans ces moments-là, se poser la question de savoir si le sujet de discorde sert la vision est important.

Lever la tête pour regarder un cran au-dessus est souvent un bon moyen de résoudre les problématiques de désalignements. C'est aussi une ressource qui permet de trouver encore plus de motivation pour tenir dans les moments les plus difficiles. Il est toujours bon de se rappeler pourquoi l'on fait ce que l'on fait ! En effet, chercher dans nos motivations primaires (ou intrinsèques) est en grande partie ce qui fait la différence dans la difficulté.

Clarifier une vision et choisir des équipiers convaincus, c'est donner de la force à tout projet. En clair, la vision est un outil éprouvé pour aligner vers le bon cap.

Cette vision s'exprime également au travers des valeurs, véritables piliers de la culture d'entreprise. Dans un environnement incertain, dans une startup où rien n'est (par essence) écrit, les valeurs permettent à l'ensemble des individus de se projeter et de prendre des décisions qui sont alignées.

Les valeurs répondent ainsi aux questions comme :

- Quelles sont les règles à bord dans ce bateau dont tout le monde fait partie ?
- Quelles qualités humaines doivent avoir les nouvelles recrues ?
- Comment gère-t-on les conflits ?
- Quel comportement est valorisé ?

Et il n'est jamais trop tôt pour y penser ! Comme développé par le **Galion Project**[11], les valeurs jouent un rôle essentiel dans la culture d'entreprise ; c'est l'élément différenciant dans un monde où tout est duplicable, où votre succès sera heureusement copié mais pas dépassé si vous conservez vos valeurs intactes. Et cela vaut aussi bien en externe - pour le marketing - qu'en interne, pour les équipes qui travaillent sur le projet. Les valeurs, bien loin d'être seulement un argument marketing, sont un levier de business à ne pas négliger. Au départ entre les associés et, plus tard, comme outil pour aligner l'équipe. Nous parlerons plus en détails des valeurs en tant qu'outils dans le chapitre dédié à l'équipe mais gardez en tête qu'il est crucial de partager un socle de valeurs communes entre associés. Sans cela pas ou peu d'alignement possible...

Alors prenez le temps de découvrir et de formaliser ce qui vous rassemble.

> *L'histoire de Farmitoo est un peu atypique : je me suis associée d'abord avec Denis (fondateur de LaFourchette), qui a un rôle plutôt stratégique, on a trouvé ensemble un secteur et un business model puis j'ai cherché un autre co-fondateur, Grégoire.*
>
> *Notre première semaine avec Grégoire, on l'a passée hors des bureaux. On avait prévu tout un planning où l'on abordait*

[11] Galion Project – Galion Values Process, **https://thegalionproject.com/values-process**

plusieurs gros sujets ; finance, management, vision, valeurs... On a été accompagnés par Maxime, conseiller en valeurs. Il a essayé de faire ressortir à travers ce qu'on lui avait dit ce qui nous tenait à cœur et les choses sur lesquelles on se ressemblait beaucoup pour créer l'identité de Farmitoo.

Au départ nous mettions en avant la transparence, incluant la transparence de tous les salaires de nos équipes. Avec les nouvelles arrivées chez Farmitoo, l'entreprise évolue et les valeurs peuvent évoluer. Après discussion mes 3 associés (Grégoire, Denis et Pierre, notre CTO), nous avons souhaité mettre en place des grilles de salaire, ne rendant plus totalement transparents nos salaires.

À l'inverse, la partie développement personnel était très importante pour Grégoire et moi. On souhaitait que ce soit une valeur forte chez nous et on a réussi à la maintenir. On organise des formations avec nos partenaires agricoles ou même en interne. On arrive à maintenir cette valeur là en recrutant des personnes curieuses et en mettant à disposition de l'équipe des moyens pour continuer à faire vivre cette valeur. »

Mathilde Lefrançois, co-fondatrice de Farmitoo

B. Les objectifs fondamentaux de la startup

Au delà de la vision et des valeurs : *que cherchez-vous à faire avec votre startup ?* Vous mettre d'accord sur cette question d'apparence simple - mais cruciale - est essentiel. C'est cette vision à long terme qui vous permettra de garder le cap malgré les aléas de l'entreprenariat.

S'agit-il (dit simplement) de changer le monde, ou de revendre rapidement ? Ou encore de monter un beau projet aux ambitions plus modestes ? Ces questions ont leur importance et doivent trouver leur réponse rapidement.

13% des échecs des startups sont dus à des désaccords entre associés[12], il est ainsi important de parler rapidement des différents scénarios possibles :

- Et si tout se passe bien, on fait quoi ? Quel est le meilleur scénario envisageable ?

- Et si on n'y arrive pas, on fait quoi ? Combien de temps on se donne ?

---

[12] Wydden, startup : les 20 causes principales d'échec **https://wydden.com/startup-causes-principales-echec/**

“ *Entre associés, l’alignement est clé. Sur Monkey Tie par exemple, j’étais à peu près aligné avec mon associé, sauf sur l’ambition. Je voulais créer quelque chose de très gros très vite, et lui se projetait plus comme un acteur de taille modérée. On en parlait régulièrement mais j’ai les qualités de mes défauts : j’embarque les gens ; et lui il écoute beaucoup. Du coup j’essayais de l’embarquer, je l’ai embarqué un temps, et il suivait ! Les équipes le ressentaient et plus ça allait moins on était d’accord là-dessus. Nous sommes restés amis, mais au final on peut dire que ce n’était pas la bonne association professionnelle.* »

Jérémy Lamri, co-fondateur de Monkey Tie et du Lab RH

Le pacte d’associés permet de structurer tout cela. Document officiel, il n’est pas obligatoire mais fortement recommandé : il vous servira de référence future. Il s’agit de prendre le temps de s’interroger sur les sujets de fonds, quand tout va encore bien, pour assurer l’avenir.

Comment bien structurer son pacte d’associés ?

La rédaction du pacte d’associés commence par la volonté commune d’avoir une discussion honnête sur la startup. Accompagné (ou non) d’un verre, il s’agit de décider des points comme :

- Le process si un associé souhaite partir,

- La mise en place d'une clause opérationnelle, qui permet de s'assurer qu'il n'y ait pas d'associé "dormant" qui conserverait tout de même un grand pouvoir de décision sur l'entreprise. C'est par exemple le temps minimal qu'un associé doit consacrer à la startup pour conserver ses droits.

- La valorisation des parts de l'entreprise,

- L'engagement de réinvestissement, en cas de trou dans la trésorerie : qui met quoi ? Est-ce obligatoire ?

- La politique de distribution des dividendes,

Une fois ces décisions prises, demandez à un avocat de rédiger votre pacte, assurez-vous de bien en comprendre chaque ligne et faites-le signer par tous les associés concernés. A noter qu'un pacte d'associés peut ne concerner que certains associés - mais nous recommandons de tous les inclure !

C. La communication et la gestion des conflits.

Le conflit fait partie intégrante de la vie d'une startup : vous aurez forcément des moments de désaccords avec vos associés.

Contrairement à ce que l'on pense, le conflit est sain si vous savez comment le gérer. Les non-dits n'amènent à l'inverse jamais de bons résultats et peuvent entraîner des situations compliquées entre associés - et par extension pour la startup dans son ensemble.

S'assurer que vous ayez un process et des outils en place en cas de conflit permettra de le désamorcer rapidement et donc de continuer à avancer.

Une des clés de bonne gestion du conflit, c'est de reconnaître les besoins spécifiques de l'autre et de faire preuve d'empathie. Nous sommes tous différents et notre façon de penser / communiquer n'est pas celle de nos associés - c'est d'ailleurs ce qui constitue la force d'une équipe de fondateurs ! Il existe aujourd'hui plusieurs outils qui vous permettront par exemple de déterminer les profils de communications des uns et des autres, profils précieux à prendre en compte en cas de conflit... Sans oublier qu'une équipe variée est souvent plus complémentaire qu'une équipe de clones...

Par exemple, au MIT aux Etats-Unis, le premier jour du Bootcamp pour Entrepreneurs, il est demandé aux participants de faire le test MBTI qui va définir vos fonctions dominantes et auxiliaires selon 4 axes. On parle là de l'énergie (extraversion / introversion), de la manière de recueillir de l'information (Sensation / Intuition), du traitement privilégié pour la prise de décision (Pensée / Sentiment) et du mode d'action principal (Jugement / perception) ... L'objectif est de mieux se connaître, mais aussi de mieux connaître son ou ses associés. Certains profils valorisent le raisonnement logique, d'autres les émotions et l'intuition. Tous se valent, le tout est de savoir parler la langue de l'autre ! Et pour apprendre la langue de l'autre et se décentrer de son propre vécu, de nombreux outils existent. Nous vous en avons sélectionné quelques-uns :

- Le DISC ou test des 4 couleurs (Rouge, Jaune, Vert, Bleu) donne le ton avec les 4 lettres de son nom = Directif, Influent, Social ou Contrôlant. Il vous permettra de comprendre vos comportements et surtout celui des autres. Un jaune, qui bouillonne d'idées en mode pop-corn, bon bavard et créatif pourra perturber un bleu, carré, prévoyant et structuré qui gère les risques avec précision. Parfois difficile à concilier, le jaune, face à un bleu, peut se sentir inhibé par les process et les détails et le bleu perdu par la dispersion apparente de son interlocuteur... Résultat : risque d'engueulades à répétition... La bonne nouvelle, c'est que toutes les couleurs sont utiles dans l'organisation et apportent un regard diversifié pour construire un beau projet. Il suffit de connaître la couleur de son interlocuteur et de s'adapter à sa langue naturelle...

- L'Ennéagramme (enné = neuf, gramme = dessin), va mettre en lumière le cœur de votre personnalité, juste en dessous de notre écran naturel de protection que l'on appelle l'égo et permet de faire une grande différence entre ce que l'on fait et nos motivations, en gros entre notre caractère et notre personnalité. Au total, ce sont donc 9 personnalités (perfectionniste, généreux, challenger, idéaliste, observateur, prévoyant, hédoniste, affirmé ou conciliateur) que vous découvrez dans un modèle circulaire dans lequel vous évoluez au gré de vos humeurs (en mode automatique, sous stress ou en confort). Et ces 9 chiffres vous dévoilent vos modes de fonctionnement, vos comportements, vos modes de communication... Pour exemple, un affirmé, ambitieux, courageux et parfois directif, ayant peur de perdre le contrôle, sera dans les moments cools un formidable copain généreux et sous stress un observateur, un peu cassant, qui cherchera à réfléchir seul aux solutions possibles pour s'en sortir. Ça vous parle ? Mais si ...

- La Process Com est une technique mise au point dans les années 60 pour permettre aux astronautes de la NASA, de régler leurs difficultés de communication lors des voyages spatiaux en fonction de leur profil initial. Vous découvrirez votre mode de communication le plus aisé lorsque vous êtes sous stress. Vous serez peut-être travaillomane avec une phase empathique, ou rebelle en phase persévérant. Cela vous sert à vous, pour contrôler éventuellement vos réactions. Et si vous connaissez le profil de l'autre, vous allez pouvoir commencer à éviter les scènes de ménage entre associés...

- Le Miroir de l'ANC (Approche Neuro Cognitive) vous aidera à vous connaître en profondeur et à démêler le « positif » du « négatif » de votre personnalité et ainsi à appréhender vos motivations, vos démotivations, votre assertivité et votre adaptabilité. En effet, prendre un sincère plaisir dans la gestion et l'organisation est une force pour l'entreprise, ne pas supporter le désordre moins... Cette vision « 3D » de vous-même et de votre associé peut vous permettre de mettre le doigt sur vos intolérances pour les assouplir ou même les faire disparaître !

Il nous faudrait au moins une centaine de pages par outil pour faire le tour des fondamentaux théoriques et de la logique sous tendant chaque test. Pour aller à l'essentiel, gardez surtout en tête que chacun de ces outils vous aidera à mieux accueillir la manière dont votre associé voit les choses et ce qui le fait réagir. Pour autant, cela ne constitue ni une science exacte, ni une garantie absolue. Au final, sachez juste que tous les profils se valent, le plus important étant de les laisser dialoguer dans le respect des différences et sans a priori ! Autrement dit : oui votre CTO est « rigide » parfois mais n'est-ce pas une force compte tenu de son rôle dans l'entreprise ? Et d'ailleurs est-il rigide ou « précis » au final ? Idem, vous l'agacez parfois et dans ses mauvais jours il vous considère un peu comme un « vendeur de rêve » déconnecté de ce que l'on peut faire ou pas d'un point de vue technique. Mais n'est-ce pas en se frottant au marché et en se fixant des défis que l'on va plus haut ? Bref, vous saisissez l'idée : en changeant de lunettes on se rend parfois compte que ce qui était « négatif » chez l'autre devient rapidement beaucoup plus simple à comprendre lorsque l'on essaye de comprendre !

En cas de conflit, les principes de la Communication Non Violente (CNV) permettent de régler la situation rapidement tout en apportant une réponse satisfaisante à toutes les parties impliquées - on obtient donc un "win-win". D'après l'Abilene Christian University en utilisant la CNV, 76% des conflits débouchent sur une issue positive[13].

---

[13] Abilene Chrstian University - 9 rules for mananing conflit at work, **https://nategibson.net/9-rules-for-managing-conflict-at-work-by-abilene-christian-university**

Petit guide de la CNV : Comment réagir lors du prochain conflit ?

1. Ne pas réagir à chaud, proposer de prendre 3 minutes pour prendre l'air ou prendre le temps de bien poser les choses

2. Individuellement, se demander sincèrement « Qu'est-ce que je ressens en ce moment ? De la colère ? De la peur ? Autre chose ? »

3. Sans chercher « à qui la faute », investiguer les causes de ce ressenti : « *Pourquoi je ressens ça ? Qu'est ce qui me gêne ? Me suis-je déjà retrouvé dans des situations similaires ?* »

4. Se demander ce qui pourrait améliorer la situation et essayer de formuler une demande

5. Partager le tout : ce que vous ressentez, pourquoi, ce que vous proposez pour changer les choses.

6. A partir de là une discussion peut s'ouvrir, pour autant n'oubliez jamais que vous devez également écouter votre interlocuteur et que toute demande devient un objet de discussion, pas une obligation pour votre interlocuteur.

Pour aller plus loin, un seul livre à lire : « Les mots sont des fenêtres ou bien ce sont des murs » de Marshall B. Rosenberg[14].

L'alignement avec les investisseurs

13% (encore !) des startups qui échouent, se plantent à cause d'un désalignement entre les fondateurs et les investisseurs. Pour éviter de nourrir cette statistique, il est crucial de vérifier l'alignement avec les investisseurs avant de les faire monter au capital, mais aussi s'assurer de communiquer avec eux tout au long de votre partenariat. Les investisseurs ne sont ni vos amis, ni vos ennemis : ils sont des partenaires ayant leurs propres objectifs et de bonnes raisons de soutenir financièrement votre startup.

A. Qu'attendez-vous de vos investisseurs ?

Pour trouver le bon match, il faut rencontrer plusieurs investisseurs ! Là encore : discutez avec les investisseurs potentiels de vos objectifs et aspirations à moyen et long terme. Voyez si vos valeurs correspondent. Mais avant cela, mettez au clair vos propres attentes concernant ce partenariat ! Cherchez-vous uniquement du financement ou également un partenaire qui saura vous challenger ? Quel niveau d'investissement - financier, mais pas que ! - cherchez-

[14] « Les mots sont des fenêtres ou bien ce sont des murs » de Marshall B. Rosenberg (Editions La Découverte)»

vous ?

En tous les cas n'ayez pas peur d'aborder ces sujets avec vos futurs investisseurs. En effet, le trait de caractère que les investisseurs recherchent le plus au sein d'une équipe de management est la transparence dans 72% des cas[15]. Cela serait dommage de se brider !

Afin d'arriver bien préparés, voici une checklist non exhaustive des questions à se poser avant de rencontrer vos futurs investisseurs :

- Quel montant souhaitez-vous lever ? Et que comptez-vous réaliser grâce à cette levée ? Ces réponses posent bien entendu les bases de tout le reste…

- Avez-vous déjà en tête la trajectoire cible de votre startup ? Et pour atteindre cet objectif, avez-vous couché sur papier un « planning » des futures levées (s'il y en a) ? N'oubliez jamais que dans 99% des cas, un fonds va porter une attention toute particulière à sa date de « sortie » et à la valorisation prévue de votre startup à cette date. Ils ne réaliseront jamais un investissement allant à l'encontre de leurs propres plans. De fait, avoir fixé vos propres hypothèses et modélisations vous

[15] Equiteasy – des investisseurs professionnels dévoilent tout de leurs attentes, **https://equiteasy.com/blog/des-investisseurs-professionnels-devoilent-tout-de-leurs-attentes**

permettra d'éviter une situation de désalignement dans lequel vos investisseurs, passée l'excitation du début de projet, pourraient être tentés d'aller « plus vite » que ce que vous aviez prévu. Vos investisseurs ont leur feuille de route, il est nécessaire d'écrire la vôtre en amont pour éviter les mauvaises surprises.

- Quid des questions sociétales et de la notion d'impact ? Si ces thématiques vous sont chères, voire sont au cœur du projet de votre entreprise, cela vaut la peine de rencontrer des acteurs de l'investissement qui œuvrent en ce sens. Il en existe de plus en plus !

- Dans un monde idéal, quel type de relation souhaiteriez-vous entretenir avec vos investisseurs ? Une relation de proximité ? Dans ce cas privilégiez les fonds au pilotage « hands on ». Plus de recul ? Cela correspond bien aux fonds adeptes du pilotage « hands off ».

- Au-delà de l'aspect financier, quelles portes pourraient être ouvertes grâce à ce nouveau partenaire ? Qu'il s'agisse d'experts ou de clients, un fonds de qualité dispose souvent d'un réseau très vaste et parfois même très organisé.

- Avez-vous des héros ? Des startups plus avancées que vous considérez comme des modèles ? Si ce ne sont pas des concurrents, pourquoi ne pas les rencontrer et échanger au sujet de la relation qu'ils entretiennent avec leurs investisseurs ? Vous risquez d'être fort surpris... En bien !

B. Avez-vous un cap commun avec vos investisseurs ?

Une fois vos besoins clairement définis, ayez les idées claires et une discussion précise entre vos associés et la structure d'investissement pour vous aligner sur l'histoire à écrire. Chaque fonds d'investissement a une thèse d'investissement précise, autant que possible prenez en connaissance et vérifiez que vous êtes tous alignés sur votre futur projet commun dans les prochaines années. La bonne nouvelle c'est que les bonnes structures d'investissement devraient vous aider dans ce travail, En effet 37 % des investisseurs considèrent les objectifs du dirigeant comme le facteur le plus important lorsqu'ils analysent une opportunité d'investissement.[16]

Voici une liste non exhaustive des points à clarifier pour éviter un fort désalignement dans le futur :

- Quel est l'objectif ? Rachat ? Introduction en bourse pour les plus ambitieux ? Dans combien de temps ? Il est toujours utile

[16] Equiteasy – des investisseurs professionnels dévoilent tout de leurs attentes, **https://equiteasy.com/blog/des-investisseurs-professionnels-devoilent-tout-de-leurs-attentes**

de garder en tête que le métier des fonds est avant tout de réaliser un multiple sur l'argent qu'ils ont eux même levé auprès de leurs Limited Partners. De fait, dans 99% des cas, se mettre d'accord sur l'objectif de sortie est primordial.

- Quelle est l'equity story ? Derrière le jargon se cache un concept simple : quel est le plan en termes d'évolution du capital, d'entrées et de sorties d'actionnaires, de calendrier des levées etc. En d'autres termes, êtes-vous d'accord sur le chemin qui va conjointement vous amener vers l'objectif ?

- Opérationnellement, quel est le mode de collaboration prévu ? Trop souvent mis de côté, cet aspect est fondamental ! Une bonne collaboration avec son board se travaille ! Pour éviter l'ingérence et/ou les effets tunnels nous recommandons tout simplement de co-construire un mode de collaboration efficace avec votre board et de le challenger régulièrement ensemble. Aussi étonnant que cela puisse paraitre cette co-construction du mode de travail entre associés et investisseurs, est un fort facteur de succès et une pratique courante dans les plus belles startups.

Toutes ces questions vous permettent d'être parés à toute éventualité, mais surtout de savoir si vous avez envie d'aller dans la même direction. Si oui : tout est au vert, à vous de jouer sur l'accélération ! Si non, c'est un pari risqué que de continuer les discussions. A terme, vous pourriez regretter la décision de faire monter des investisseurs à votre capital, puisqu'ils auront un fort pouvoir décisionnaire sur votre entreprise. Contrairement à ce que vous pouvez peut-être penser, à l'heure actuelle en termes de financement de beaux projets, beaucoup d'options existent, à vous de prendre le temps de bien les considérer.

Enfin, de la même manière que les investisseurs font leur due diligence avant d'investir, vous pouvez aussi faire la vôtre : appeler des startups financées par la structure est ainsi une bonne pratique à adopter. De même, avoir des retours d'autres fondateurs et leur demander comment se passe la collaboration (surtout en période difficile) avant de faire monter un éventuel investisseur au capital vous permettra de faire un choix informé. Il est évidemment crucial de faire la distinction entre le fonds et le partner qui sera votre interlocuteur quotidien. Idéalement vous devriez faire votre due diligence sur la structure d'investissement et sur le partner qui sera votre interlocuteur. Si vous changez de partner, l'histoire peut être totalement différente...

“ *Les investisseurs ? Vaste sujet. C'est un mariage sachant qu'on va divorcer donc l'humain est clé pour s'associer et délicat le jour de la séparation. Les intérêts entre les entrepreneurs et les investisseurs vont diverger au bout de 4-5 ans. Donc il faut être très vigilant car on ne monte pas une licorne en 5 ans... L'humain est rarement le critère clé chez les investisseurs old school. »*

Julien Coulon, fondateur de CEDEXIS, DG de Crédit Mutuel Innovations

C. Bien communiquer avec votre board d'investisseurs

Il est vital de pouvoir communiquer efficacement avec vos investisseurs ! Nous en avons déjà abordé les principales raisons dans le chapitre dédié à la capacité à s'entourer ! Il faut communiquer avec ses actionnaires comme s'ils étaient des associés d'un autre type - car ils le sont en réalité sonnante et trébuchante.

Comme pour le matching entre associés, il est important de partager des valeurs humaines avec les investisseurs. Dans le cas contraire, vous et votre startup seront tiraillés à long terme !

Comment bien communiquer avec vos investisseurs ?

- Ne pas avoir peur du conflit sain : il est normal de ne pas être d'accord sur tous les points. Discutez-en ouvertement !

- Réunir le board et partagez les dernières nouvelles sur votre startup - bonnes ET mauvaises !

- Ne pas cacher d'événements majeurs aux investisseurs : ils seront dans tous les cas au courant à un moment donné, mieux vaut donc jouer la carte de l'honnêteté. 87% des investisseurs veulent être tenus informés le plus rapidement possible des évolutions du marché17, jouez le jeu ! De plus la confiance

---

[17] **https://cib.bnpparibas.com/think/raising-the-bar-asia-s-empowered-investors-want-customisation_a-1-1021.html**

trahie est un « deal breaker » majeur pour la plupart des fonds. Ne jouez pas avec le feu !

- Entretenir une relation de confiance ! Votre relation étant asymétrique par nature, cela fait la différence entre un board qui vous soutient malgré les aléas et un board qui cherchera à vous remplacer...

« *Dans les types de fondateurs qu'on cherche à financer, on privilégie des gens qui font preuve de conscience de soi.*

C'est important parce que ça veut dire qu'ils sont capables de prendre du recul, de se remettre en question et de progresser en permanence. Cela implique quelqu'un qui n'a pas d'ego mal placé, qui sache prendre la critique et qui souhaite s'inscrire durablement dans une relation investisseur/entrepreneur où à un moment donné, il peut avoir tort.

Pour progresser sur ces sujets, c'est essentiel que les fondateurs soient coachés. Tout le monde devrait avoir son «thérapeute professionnel». C'est le cas pour les entrepreneurs et ça devrait être le cas pour les investisseurs aussi, car ils doivent également faire preuve de conscience de soi. Un investisseur doit assumer la responsabilité vis-à-vis de l'entrepreneur sur qui il mise. »

Jean de la Rochebrochard, Partner Kima Ventures

> “ *Je ne m’inquiète pas toujours des lacunes ou des faiblesses humaines chez les fondateurs... en revanche je fuis ceux qui montrent trop de certitudes, d’égo et d’arrogance car je sais que ceux-là auront du mal à écouter, à progresser, à se remettre en question... »*

Patrick Robin, co-dirigeant d’AVOLTA Partners, vice-président de France Digital (2013-2017)

Axe 3 : L’alignement avec les équipes

Vos équipes sont votre première ressource ! Aligner ses équipes signifie s’assurer que celles-ci soient en accord avec vos décisions et savent où vous allez. A l’inverse, il faut aussi que vous soyez en contact régulier avec elles pour rester vous-même en contact avec leur réalité.

L’objectif est de fédérer les nouveaux entrants rapidement afin qu’ils soient opérationnels au plus vite, tout en permettant à ceux qui ne se reconnaissent pas dans les valeurs de votre startup de partir rapidement avant de devenir encombrants pour son développement.

Plus votre startup grandit, plus il devient difficile de communiquer de manière directe. C’est à ce moment-là que les outils de culture d’entreprise, de vision et de valeurs qui font déjà partie de la boite à outils de votre entente entre associés trouvent une utilité supplémentaire.

La vision permet de regarder ensemble dans la même direction.

C'est valable pour vos associés et vous et c'est également le cas pour vos équipes ! C'est donc à la fois le repère ultime pour les équipes et un guide qui permet à n'importe quel collaborateur de savoir vers où aller en cas de difficulté ou seulement d'ambigüité... Ou en l'absence de ses managers ! A l'inverse, une vision floue a des conséquences néfastes sur votre entreprise, tout simplement parce que personne ne sait où il va ! Impossible donc de prendre les meilleures décisions, de planifier et même de rester impliqué à long terme.

Pour consolider votre vision et votre mission, reportez-vous à la partie Alignement entre associés. Et, une fois que vous aurez trouvé votre North Star pour vous guider, votre mission quotidienne sera de la partager le plus souvent possible avec vos équipes, avec les nouvelles recrues, bien entendu, mais aussi avec ceux qui sont là depuis plus longtemps. La bonne pratique tient en peu de mots : vous ne pourrez jamais « trop » partager votre vision ! Seul l'inverse est possible. Alors à vous de trouver votre manière de faire et surtout ne lésinez pas.

« *On ne fait rien tout seul et la loyauté ne s'achète pas. Donc il faut aimer son équipe pour qu'elle le ressente et qu'elle soit prête à passer les moments difficiles à vos côtés.* »

Jérémie Mani, co-Fondateur de Netino

Culture et valeurs partagées

La culture, c'est une grande partie de ce qui fait la différence entre votre entreprise et celle d'à côté pour vos collaborateurs. C'est important dans un marché du travail de plus en plus compétitif : les talents partent vite ! Selon une étude de Deloitte[18], la culture d'entreprise est ainsi citée comme facteur important à l'heure de choisir un poste. Pour 94% des top managers et 88% des managers, la culture d'entreprise a d'ailleurs un impact direct sur le business[19]

Concrètement, la culture ce sont les codes dits et non-dits qui sont respectés au sein de votre startup : *à quelle heure arrive-t-on ? Comment accueille-t-on les nouveaux arrivants ? Quel est le process pour donner du feedback ? Comment sont décidés les salaires ? Comment sont accompagnés les nouveaux managers ? Quel est le dress code ? Tutoiement ou voussoiement ? Parité réelle ? Politique de transparence sur les salaires et jusqu'où ? sur les primes ?* La liste est longue et en la matière la question est moins *« quelle est la bonne culture » que « comment trouver sa culture et la faire vivre »*

Comment faire vivre sa culture d'entreprise au quotidien ?

---

[18] Deloitte Global Millenial Survey, **https://www2.deloitte.com/global/en/pages/about-deloitte/articles/millennialsurvey.html**

[19] Deloitte - Core Beliefs and culture **https://www2.deloitte.com/content/dam/Deloitte/global/Documents/About-Deloitte/gx-core-beliefs-and-culture.pdf**

JobTeaser[20] recense 4 étapes pour faire en sorte que sa culture d'entreprise soit plus que des mots :

1. Fédérer autour de l'histoire de l'entreprise

2. Mettre en place des rites et des événements

3. Souligner les codes et les comportements propres à l'entreprise via les valeurs

4. S'assurer que vos espaces de travail soient à l'image de votre entreprise.

Les valeurs sont ces mots qui décrivent ce qui est important pour vous : humilité, bienveillance, enthousiasme, excellence, ... Mais plus que des mots, ce sont de véritables balises qui permettent à vos équipes de savoir ce qui compte dans votre startup. Les comportements qui rassemblent et, en miroir, ceux qui excluent. Pourquoi autant de bruit autour du sujet des valeurs ? Tout simplement car c'est un formidable outil de gestion RH qui facilite grandement la définition des règles de vie à bord de la fusée que vous essayez de faire décoller !

“ *Dans mes recrutements, le premier critère de sélection c'est le fit, la confiance qui se gagne petit à petit, et devient la*

[20] Jobteaser – 4 étapes pour faire vivre votre culture d'entreprise, **https://corporate.jobteaser.com/fr/blog/recruiting-the-new-generation/branding/4-actions-concretes-pour-faire-vivre-culture-entreprise/**

plus élevée possible. Le pré-requis au-delà de la formation et de la compétence, c'est le fait que la personne saura entrer dans la culture de l'entreprise, s'y impliquer. C'est seulement alors qu'elles font partie de l'entreprise et y apportent une réelle valeur ajoutée. »

Benoît Sillard, fondateur de CommentCaMarche, président du conseil du fonds FADIESE, CEO de Testwe

Comment trouver et appliquer ses valeurs ?

C'est avant tout un process collaboratif et itératif ! Le choix des valeurs vient des associés, mais doit pouvoir être challengé par d'autres acteurs et évoluer au fil du temps. C'est donc un mix entre des approches *top-down* et *bottom-up.*

Pour aller au plus simple, voici le process mis en place par The Galion Project pour définir les valeurs d'une startup :

1. Définition des valeurs par les fondateurs

2. Travail avec les équipes pour challenger ce premier choix (questionnaire, séminaire, workshop, ...)

3. Prise en compte du feedback

4. Formalisation des valeurs

5. Communication des valeurs à l'ensemble des équipes.

« *Chez BlaBlaCar, nos valeurs et notre culture fortes sont autant de vecteurs de cohésion et d'identité que de développement. Nos valeurs ont joué un rôle fondamental dans la croissance rapide de nos équipes, canalisant les énergies vers un objectif commun. Au quotidien, elles nous guident dans nos décisions pour garder le cap de notre mission.*

En effet, dans une société en forte croissance, dont les dirigeants sont de moins en moins accessibles, les valeurs rendent les collaborateurs autonomes : ils peuvent déduire la solution du cadre de référence défini par les valeurs.

Du reste, l'essentiel est d'incarner et de faire vivre les valeurs. C'est pourquoi on a développé des process associés à chacune d'entre elles. Ainsi chaque valeur a sa propre façon d'exister. »

Frédéric Mazzella, fondateur de Blablacar

L'ENJEU 2 POUR LES FAST LECTEURS

L'alignement, c'est le fait d'être sur la même longueur d'onde avec toutes les parties prenantes de l'entreprise : associés, investisseurs, membres de l'équipe. S'assurer que tout le monde garde le cap vers la même destination minimise fortement les risques de naufrage !

Les fondamentaux de l'alignement entre associés :

- Un partage de la vision et des valeurs de l'entreprise.
- Un accord sur les objectifs fondamentaux ce qui évite les déconvenues si deux associés n'ont pas les mêmes aspirations (licorne VS une petite équipe locale).
- Un pacte d'associé robuste pour consolider ces bases
- Une connaissance de son profil de personnalité et de celui de ses associés pour éviter de ne considérer les évènements que de son propre point de vue
- Une bonne communication et une bonne gestion des conflits (notamment via l'utilisation de la CNV)

Les fondamentaux de l'alignement avec les investisseurs :

- Une bonne compréhension de ce que vous attendez de vos investisseurs
- Un cap commun clair et partagé
- Une communication transparente qui laisse la place aux éventuels désaccords

Les fondamentaux de l'alignement avec les équipes :

- Un partage régulier de la vision aux équipes
- Une forte attention portée à la construction de votre culture
- Des valeurs bien définies qui vivent au quotidien au sein de l'entreprise

ENJEU 3 :

Construire la bonne équipe et la bonne organisation au bon moment

La réussite ou l'échec d'une startup dépend fortement des membres de l'équipage. Avoir une "bonne" équipe n'est pas quelque chose de définitif, c'est un exercice à sans cesse affiner et remettre sur la table...

Tout va vite : les fondateurs, les collaborateurs mais aussi l'organisation de la startup doivent pouvoir s'adapter rapidement. Il ne s'agit pas uniquement d'avoir les meilleurs joueurs, il faut avoir une bonne équipe (Right Team) organisée de façon performante (Right Organisation).

Le sujet de la bonne équipe regorge de questions à se poser constamment :

- Quelle organisation adopter pour répondre au mieux au besoin de mon marché et de mon Business Model ?
- Comment le faire ?
- Faut-il redéfinir les missions, les rôles, les responsabilités ?

- Comment optimiser les forces de l'équipe en place pour performer ?
- Quels recrutements pour compléter mon équipe ?
- Quand ?

Visite guidée de la manière de gérer au mieux ou au « moins mal » ces multiples enjeux...

1. Avant tout : penser "Organisation"

Autant que possible, le point de départ de la réflexion devrait toujours être l'organisation, parce qu'une bonne organisation est essentielle pour permettre aux équipes de libérer tout leur potentiel dans un environnement clair et sans ambiguïtés. En étant bien organisée, avec des répartitions claires et des modalités d'échanges efficaces, votre entreprise ira plus vite et plus loin.

Sauf cas exceptionnel, garder le schéma organisationnel pré-établi permet de garder le focus sur l'organisation cible en ne cédant pas à l'opportunisme des rencontres, des copains, des actionnaires (un peu quand même parfois), de la mode, de la perle qui ne correspond pas tout à fait mais qui vient de chez Amazon ou Google,...

Google a mené en 2015 une étude sur les principes qui sous-tendent une équipe performante[21] . Leur verdict ? La manière dont les

[21] Re-work – Five keys to a successful Google team, **https://rework.withgoogle.com/blog/five-keys-to-a-**

gens travaillent ensemble a beaucoup plus d'impact sur la performance que le choix des membres de l'équipe. En somme, l'impact d'une bonne organisation est plus important que l'impact de la somme des "bonnes" personnes... Une bonne raison pour faire de l'organisation le socle des enjeux d'équipes !

En clair, votre organisation c'est le trésor de votre boîte : mettez là en vitrine pour vous, vos associés et vos équipes et n'y touchez qu'avec certitude... En revanche, préparez-vous à y retoucher plusieurs fois !

A. Interroger et adapter son organisation en continu.

Paradoxe : l'hypercroissance des startups implique une organisation en perpétuel changement. Et, de fait, des équipes en perpétuelle évolution, ce qui les soumet à beaucoup de pression.

L'équipe grandit grâce au recrutement de nouveaux collaborateurs. Pour autant recruter sans avoir défini au préalable ses besoins et la nouvelle organisation qui en découle est contre-productive. Il est risqué - et coûteux - de recruter un nouveau collaborateur et de se demander ensuite "j'en fais quoi ?".

Mieux vaut se poser les bonnes questions en amont : définir, voire

---

successful-google-team/

repenser, l'organisation de son équipe permet d'établir de bonnes bases qui serviront à construire une équipe optimale.

A l'inverse, une startup qui ne prend pas le temps de se pencher sur son organisation ou n'évolue pas correctement prend le risque de sur-solliciter ou de sous-utiliser certains membres, ce qui engendre frustration et épuisement. Au-delà des conséquences individuelles, cela impacte négativement la cohésion d'équipe et les performances générales de la startup.

De manière générale, sans organisation présente ou future, on ne se retrouve pas avec une équipe mais avec une collection d'individus. Comme l'aurait dit Jean Paul Sartre : *« 40 personnes dans un bus ne sont pas une équipe, il faut une organisation et un but pour qu'ils le deviennent »*. Par exemple en cas de panne en rase campagne, les 40 personnes, passagers et chauffeur inclus, peuvent devenir une équipe...

Dans le vif de l'action, les collaborateurs ne s'organiseront pas d'eux-même - et encore moins de manière optimale. Il faut donc être proactif sur son organisation qu'il s'agisse des organigrammes, de la gouvernance ou des processus quotidiens.

Et là arrive la MAUVAISE NOUVELLE, la réalité décevante mise en exergue par notre travail de recherche : Il n'y a pas UNE bonne organisation du travail en startup, mais différentes méthodes qui existent et desquelles s'inspirer pour trouver ce qui fonctionne dans sa boîte. En pratique, expérimenter, retenir ce qui marche, adapter et s'améliorer constamment sont les clés du succès.

Par exemple, chez Basecamp ou Buffer les collaborateurs travaillent *tous en remote,* à distance. Leur équipe est répartie à travers le monde. Le management interne soutient cette organisation en mettant par exemple l'accent sur l'autonomie lors du recrutement, en organisant des séminaires de team building réguliers et en s'assurant que toutes les informations soient bien organisées, pour être accessibles à tout moment en interne.

“ *Notre organisation Sales chez Cubyn a évolué constamment à travers les années.*

En 2018 on avait un modèle où le besoin premier était l'acquisition. La meilleure organisation à ce moment-là, c'était d'avoir un cycle en trois étapes avec des SDR, des Account Executives et des Account Managers. Chaque sales était spécialisé sur une tâche commerciale, avec des objectifs spécifiques à des étapes d'acquisition.

Au fil de l'année, l'offre est devenue plus mature et nos besoins ont évolué. Les clients sont devenus plus gros et nos cycles de vente sont devenus plus longs. On a dû repenser notre organisation car le modèle n'était plus optimal.

Nous en avons discuté avec toute l'équipe pour arriver à une solution concrète, faire évoluer la structure commerciale pour que le scope des sales englobe toutes les tâches, de la prospection jusqu'au management des comptes. Ensuite, mesurer la performance de chaque sales comme on mesure la performance de la boite : par le CA réalisé et la taille du portefeuille. Notre équipe Sales s'est transformée en une équipe de CEO commerciaux, qui sont responsables de leur temps et de leur performance, avec des objectifs de nouveau alignés avec les besoins de la boîte.

On a déployé cette nouvelle organisation en Q1 2019, ça a été une phase clef pour le succès de l'année. Pour que la transition se déroule bien, il était important que tout le monde ait compris le processus, ait fait partie de la décision et soit humble face aux chiffres. C'est pourquoi on a constamment impliqué toute l'équipe durant ce changement.

Aujourd'hui encore, dans notre process de recrutement, on explique d'où l'on vient : de l'ancienne organisation à l'actuelle. On explique que ce n'est pas figé puisque tout ce qui compte au final pour une équipe commerciale c'est la performance et l'alignement. Si on se rend compte qu'une nouvelle méthode promet de meilleurs résultats, on va emmener tout le monde dans cette direction-là, pour que la boite aille encore plus loin. »

Pierre Canard, Head of Growth Cubyn

Au vu de ce monde de possibles, quelle bonne pratique pouvons-nous mettre en avant pour interroger son organisation en continu ?

Comme dit précédemment : s'entourer. Multiplier les groupes de pairs pour découvrir ce qui marche chez les autres, échanger avec votre board pour avoir leur avis sur ce qui pourrait marcher à l'instant T et encore échanger avec vos mentors sur le sujet ! Certains coachs de dirigeants travaillent également non pas au niveau de l'individu mais des équipes ou de l'organisation elle-même pour l'amener à évoluer et à se stabiliser plus rapidement sous sa forme la plus efficace...

Le plus important à intégrer, c'est que l'organisation de ses équipes est un travail en continu. Ainsi, lorsque votre startup va grandir, vous devrez affronter des points extrêmement complexes :

- Quelle place pour les premiers embauchés ? Que devient votre pote bombardé CFO lorsque vous étiez 8 quand votre boîte passera à 80 et aura besoin d'un « vrai CFO » ?

- Comment gérer votre passage de « gourou manager » ou de « fondateur » à PDG voire à salaud de patron lorsque vous aurez à effectuer votre premier licenciement ?

- Quelle place pour le conjoint associé de la première heure, devenant petit à petit un salarié lambda au gré des réorganisations ?

Pour approfondir le sujet et vous inspirer, nous vous conseillons le livre Reinventing Organisations de Frédéric Laloux, [22] à lire

[22] «Reinventing Organizations: a guide to creating organizations inspired by the next stage of human

absolument.

B. Interroger et adapter son organisation en continu.

Sur la base de l'organisation établie à l'instant T, il s'agit ensuite d'identifier ses besoins - actuels et futurs - en compétences pour constituer et faire grandir la bonne équipe.

Les questions préliminaires qui vont vous guider sont les suivantes :

- Est-ce un besoin immédiat ou futur ? (Du coup quelle temporalité dans le recrutement)

- Est-ce un besoin ponctuel ou récurrent ? (Une embauche ou un free-lance ?)

- Ai-je besoin de quelqu'un qui va construire, développer ou exécuter ? (Et du coup, quel profil, seniorité etc...)

L'important à cette étape est de poser les bases du besoin pour le développement de l'entreprise, au sein de l'organisation actuelle. L'étape des fiches de poste et du recrutement ne peut venir que dans un deuxième temps. Un recrutement raté coûte en moyenne entre 45 000 et 100 000€

---

consciousness» de Frédéric Laloux (Barnes & Noble pour la version en anglais, Diateino en français) à l'entreprise[23], éviter cette perte se travaille en amont !

En effet, en plus d'être une perte de temps et d'argent, recruter de manière opportuniste ou trop précipitamment est aussi un facteur de désorganisation. L'équipe peut être désalignée, frustrée, … et c'est la startup dans sa globalité qui en pâtit.

Enfin, toujours avant de transformer vos besoins en fiches de poste, c'est le moment de réutiliser le travail de formalisation de vos valeurs et de la vision. La vision et les valeurs doivent être considérés comme des filtres non négociables dans votre recrutement. Transiger sur les valeurs au moment du recrutement pour faire rentrer un bon profil se solde toujours par un échec aux conséquences potentiellement dramatiques pour les équipes en place. Comme le dit l'adage : « quand il y a un doute, il n'y a pas de doute ».

Une fois ces questions basiques mais nécessaires évacuées, il vous faut affiner la définition de vos besoins réels en termes de recrutement. Pour autant, il n'existe pas non plus de recette miracle ici. Voici toutefois quelques points majeurs à étudier avant de vous lancer dans un recrutement :

Les compétences pures *(hard skills)* qui doivent amener à des résultats précis et si possible quantifiés : chiffre d'affaires,

---

[23] HR Voices – Recrutement raté, quel est le coût pour l'entreprise ? **https://www.hr-voice.com/recrutement/recrutement-rate-quel-est-le-cout-pour-lentreprise/2019/02/11/**

développement de projets, fluidification des échanges, etc.

Les qualités humaines *(soft skills)* : quelles personnalités peuvent être adaptées sur ce type de poste ? Pourquoi ? Est-ce indispensable ? Par exemple : *est-ce qu'un Sales Development Representative (SDR),* qui s'occupe du développement commercial et de la prospection pure doit forcément avoir une âme de «chasseur» ?

Le niveau d'expérience est également à valider : là encore, il n'y a pas de bonne ou de mauvaise réponse. Un profil senior apporte plus d'expérience, mais coûte plus cher. Il est aussi déjà habitué à une certaine méthode de travail et est donc parfois moins adaptable et *startup-friendly.*

A l'inverse, un profil junior sera plus adaptable et peut-être un meilleur *fit* culturellement. Les startups recrutent en majorité des profils juniors, qui coûtent moins chers. Cela nécessite cependant de les faire monter en compétences au fur et à mesure de l'évolution de la startup.

Tous ces points doivent être réfléchis en fonction de vos besoins organisationnels. Et les recrutements devront ensuite être réalisés calmement et méthodiquement.

> “ *Dans une équipe c'est l'alchimie qui compte en fait, on peut avoir une équipe moyenne qui fonctionne mieux qu'une équipe de tueurs qui jouent chacun solo. J'en viens à penser que le « fit » humain est plus important que les compétences. Mais ça veut dire qu'on est compatible tout en étant différent,*

si tout le monde est pareil, on retourne à une équipe non fonctionnelle. »

Julien Jacob, co-fondateur OCUS, ex Média2, Ringmédia, Obiwi.

2. Avoir les meilleurs joueurs au bon moment

L'équipe est la base de tout : c'est l'huile dans le moteur de la croissance. Après avoir identifié les hard skills et les soft skills, il faut maintenant choisir les bonnes personnes pour votre équipe.

Mais comme à chaque fois qu'on touche à l'humain, avoir la right team est complexe. Il faut non seulement les meilleures compétences, du fit culturel mais aussi des personnalités complémentaires.

Recruter une "top star" peut à priori sembler une bonne idée. Mais si elle n'est pas sur la même longueur d'onde que l'équipe, si cela crée des différences de niveau, des frustrations peuvent naître dans l'équipe.

Recruter un ex-Google, Amazon ou Apple peut toujours être rassurant et même susceptible de plaire aux investisseurs. Souvenez-vous juste que ces boîtes existent depuis longtemps et qu'y avoir travaillé signifie en avoir adopté le mode de fonctionnement et les process, il faudra donc valider l'adaptabilité du candidat, connaître sa capacité à travailler dans une startup jeune, à forte croissance. Sauf si vous arrivez à convaincre Sergueï Brin, Larry Page ou Jeff Bezos d'accepter un poste de head of sales chez vous...

Un candidat peut être le meilleur, si ça n'est pas un team player, ça peut être un vrai risque pour une équipe : "tu es le meilleur de l'équipe mais l'équipe est meilleure sans toi" est une réalité dans beaucoup d'entreprises.

Il faut bien évaluer le *fit* culturel, les différences de niveaux ainsi que le degré de complémentarité au sein d'une équipe, pour que tout le monde y trouve son compte. Un processus de recrutement très structuré permet de bien évaluer ces points. Cela permettra d'atténuer les risques liés au recrutement.

A. L'identification et la sélection des talents

Bien qu'il y ait de plus en plus d'attrait pour les startups sur le marché du recrutement, elles connaissent aussi des difficultés de recrutement. Mais alors, pourquoi rencontre-t-on cette situation et comment sortir gagnant de la "guerre des talents" ?

Pourquoi la guerre des talents ?

- **Les causes exogènes :** Le marché du recrutement est en tension constante depuis plusieurs années, particulièrement pour ce qui concerne deux catégories particulièrement vitales pour la croissance des startups : les profils techniques et les commerciaux. La concurrence est exacerbée par la transformation digitale des entreprises, qui pousse à une surenchère salariale difficile à suivre pour des jeunes pousses. Rajoutez à cela l'hypercroissance et les levées de fonds qui sont particulièrement « talentivores » et vous aurez une vision réaliste de la guerre en jeu pour attirer les meilleurs.

- **Les causes endogènes :** au-delà de cette situation globale du marché de l'emploi, les startups manquent souvent de savoir-faire en matière de recrutement et de gestion RH. En général, elles s'appuient à leur démarrage sur des populations de stagiaires et de freelances qui ne nécessitent pas de politique RH complexe

Le problème est de taille, car sans les bons collaborateurs, la croissance sera tôt ou tard limitée. En outre, l'urgence pourra vous contraindre de recruter sans travail de fond suffisant et de céder au «marketing des talents», par exemple en prenant un profil technique ayant travaillé au sein de structures prestigieuses mais peut-être inadapté pour votre projet.

Gagner la guerre des Talents en prêtant attention à l'essentiel : l'identification, l'attraction et la sélection.

Pour gagner la guerre des Talents, un peu de méthode sera nécessaire, il est donc primordial de procéder dans l'ordre :

Identification : Savez-vous ce qu'est un bon candidat pour vous ? Un candidat qui vous apporte une plus-value effective tout en s'épanouissant au sein de votre entreprise. Pour savoir comment le repérer, nous vous recommandons de vous appuyer sur la méthode bien connue des personas. Une fois que vous l'aurez décrit, vous saurez plus facilement identifier le candidat qui correspond à ce profil idéal.

Attraction : C'est un des enjeux majeurs des années à venir : comment être attractif auprès des talents ? Comment attirer leur attention et les convaincre de prendre du temps pour un entretien avec vous ?

Beaucoup d'entreprises travaillent ainsi leur marque employeur pour réduire les coûts de recrutement. Et la tendance n'est pas prête de s'arrêter. Une étude de Linkedln montrait qu'une marque employeur forte réduisait en moyenne les coûts de recrutement jusqu'à 50% et le taux de turnover de 28%. Plus la marque est forte et connue, plus le candidat sera rassuré sur la stabilité de l'entreprise et sur la valeur ajoutée de ce "nom" sur son CV.

Sélection : Pour être performant dans ce contexte hautement concurrentiel, dotez-vous d'un processus de recrutement efficace et rapide. Il s'agit essentiellement de :

1) Pouvoir identifier rapidement le meilleur profil parmi vos candidats

2) Donner une bonne image de la startup en proposant une expérience candidat de qualité.

Pour vous aider, n'hésitez pas à vous créer une scorecard, qui servira à la fois de fil directeur pour le recrutement et de lien entre la partie stratégique et opérationnelle. On ne peut que recommander ici la Méthode Who de Geoff Smart comme guide opérationnel de recrutement pour créer cette scorecard.

Dans son livre, co-signé avec Randy Street, Who, The A Method of Hiring, Geoff Smart[24] présente une méthodologie permettant de rationaliser les recrutements et d'évaluer chaque candidat sans jamais perdre de vue les besoins et les objectifs réels de l'entreprise. Elle permet de ne recruter que les meilleurs candidats possibles pour chaque poste, ce qu'il appelle les *"A players"*.

Focus sur l'outil scorecard :

La scorecard est la description claire du poste pour lequel vous cherchez la ou le meilleur candidat(e). Elle comprend 3 points :

La mission

La mission résume l'essentiel du job et décrit les raisons pour lesquelles l'entreprise a besoin de ce poste.

---

[24] « Who: the A method for hiring» de Geoff Smart et Randy Street (Ballantine Books)

Les objectifs

Les objectifs décrivent les 3 à 8 objectifs que le collaborateur *A player* aura à atteindre.

Les aptitudes

Les aptitudes découlent des deux éléments précédents et décrivent les pré-requis permettant au *A player* d'atteindre les objectifs et donc réussir sa mission.

Ces scorecards servent à préserver la culture de l'entreprise et vous évitent toute mauvaise raison de recruter un candidat qui ne soit pas par votre *A player*.

Pour les trouver, Smart (ce n'est pas un pseudo...) propose plusieurs pistes :

- Les recommandations de votre réseau
- Les recommandations de vos équipes
- Les recruteurs spécialisés

Une fois votre potentiel A Player trouvé, Geoff Smart propose une méthode de confirmation passant par une série de 4 entretiens réalisés par les autres membres de votre équipe, destinés à recueillir des données précises sur les actions et les performances passées du candidat, selon un questionnaire pré-établi ensemble.

S'y ajoutent 4 entretiens avec de précédents employeurs, clients, fournisseurs, ... du candidat.

A la fin de ce process, la scorecard des candidats devient un véritable carnet de notes vous permettant de réaliser une sélection parmi les « survivants »

L'intérêt de cette méthode, c'est bien sûr de vous obliger à rester dans l'épure du poste défini en amont et d'intégrer la pièce du puzzle correspondant parfaitement à votre besoin, sans vous laisser séduire par tel ou tel aspect inattendu d'un candidat ou d'une candidate. Un peu raide, un peu longue, cette méthode a le mérite de vous obliger à préserver presque malgré vous, votre organisation.

Dans le processus de recrutement de THEODO, les candidats rencontrent 4 personnes en une semaine. Si on a choisi un laps de temps court, c'est parce que toute vente a un taux de transformation corrélé au lead time. Le recrutement, c'est une sorte de processus de vente de son entreprise. Le candidat "achète" ou non le fait de passer entre 1 et 10 ans de sa vie avec vous, pour se développer et s'épanouir. Chez nous, on pense qu'un candidat qui a un entretien toutes les deux semaines se dit rapidement qu'il n'est pas dans les priorités de l'entreprise, or on veut renvoyer au candidat l'envie qu'on a qu'il nous rejoigne, qu'il est une priorité.

Si les candidats rencontrent autant de collaborateurs, c'est pour minimiser les chances de se tromper, car se tromper sur un recrutement coûte cher. C'est essentiel que plusieurs personnes donnent leurs avis sur les candidats, ça permet de creuser, d'approfondir... la finalité, c'est de se demander si la personne va réussir dans l'entreprise ou pas. Recruter des gens qui ne vont pas réussir ça ne sert pas à grand-chose, ni pour la personne ni pour l'entreprise.

C'est aussi bon pour l'attractivité ; le fait de rencontrer plusieurs personnes sympas et compétentes, ça rassure les candidats sur leurs futurs collègues. Quand on rencontre plusieurs personnes, on cerne mieux la culture de l'équipe.

Enfin, nous recrutons des profils sur un marché compétitif, ceux qui sortent des meilleures écoles. Le fait d'avoir un processus très sélectif, c'est assez attractif pour cette population. Ils veulent être sûrs d'arriver dans un endroit où ils vont être choisis, où c'est difficile d'entrer. C'est un moyen pour nous de communiquer sur la sélectivité de nos recrutements. »

Benoît Charles-Lavauzelle, Cofondateur et Executive Chairman de Theodo

Le besoin de diversité ou l'éloge de la différence

Malgré tout ce qui a été dit précédemment, il est important de ne pas tomber dans le clonage : une startup où tous les collaborateurs, fondateurs, investisseurs sortent du même moule. Avoir une dose saine d'avis divergents et de profils complémentaires permet d'avancer. Nul profil ne peut exceller partout et il y a besoin de toutes les forces complémentaires pour réussir en startup sous peine d'aller collectivement et joyeusement dans le mur, dans l'angle mort que vous n'aviez pas vu en regardant toutes et tous la route avec des lunettes similaires... Ce qui fait la richesse de l'aventure entreprenariale, c'est en effet bien la diversité des profils qui la composent.

L'alignement si important des associés et des équipes n'est donc pas le fait d'être d'accord tout le temps, mais une capacité à regarder dans la même direction et à discuter ouvertement en cas de conflit ou désaccord.

Aussi dans votre scorecard pouvez-vous introduire une ou deux cases permettant d'aller chercher de l'originalité, de la nuance, de la différence ou juste de l'insolence chez vos candidats et candidates. N'hésitez pas à chercher des profils qui sauront vous challenger et vous confronter plutôt que des candidats dociles qui se contenteront de vous admirer en faisant le dos rond...

B. L'onboarding

Après avoir défini strictement vos besoins, établi une stratégie pour sourcer des candidats, les avoir testés puis sélectionné les meilleurs, vous avez enfin trouvé votre perle rare, votre A Player. Bravo !

Maintenant, il s'agit de ne pas passer à côté d'un des éléments essentiels de la réussite d'un recrutement : l'onboarding. Le nouveau collaborateur doit se sentir accueilli, intégré, challengé... pour qu'il puisse trouver sa place et se projeter à long terme dans votre aventure.

Si ça n'est pas le cas, il ou elle partira ... et tout sera à recommencer ! Recruter coûte cher et un turn over important est mauvais pour la cohésion d'équipe. Gardez toujours en tête que 36% des 18-34 ans ne vont pas au bout des 12 premiers mois de leur CDI [25], soit en moyenne un collaborateur sur 3 ... Sauf si vous savez l'accueillir et le ou la garder.

Et si malgré tous vos efforts, un collaborateur souhaite partir, il faut prendre le temps de discuter avec lui des vraies raisons de son départ :

- Est-ce une difficulté de s'intégrer à un groupe déjà formé ? Trouver sa place dans une organisation sans marcher sur les platebandes des autres peut être compliqué - d'où l'importance d'avoir une organisation claire.

- Est-ce un écart entre ce qui a été vendu lors des entretiens et la réalité ? Si c'est le cas, les premiers jours peuvent amener une désillusion, une perte de confiance et une démotivation. Il sera alors urgent d'analyser la description faite du poste et ses missions

[25] Parlons RH, **https://www.parlonsrh.com/cdi-chez-les-15-34-ans-80-sont-rompus-en-moins-dun-an/**

réelles.

Pour tenter d'éviter tout cela, adoptez une stratégie active d'onboarding. Celle-ci est propre à votre culture d'entreprise.

Comment bien *onboarder* ses nouveaux collaborateurs ?

- Proposer un cadre clair d'interaction : le collaborateur doit savoir exactement pourquoi il a été recruté, connaître la hiérarchie de la startup et idéalement, avoir été en contact avec plusieurs personnes de l'équipe avant sa prise de poste.

- Prévenir l'équipe de son arrivée : préciser ses missions et son rôle au sein de la startup, ainsi que la nouvelle hiérarchie.

- Préparer un welcome kit : pour s'assurer que tout soit prévu pour l'arrivée du nouveau. Ordinateur, stylos, poste de travail, détails sur l'entreprise - mais aussi, pourquoi pas, des goodies de l'entreprise. Les petites attentions plaisent toujours !

- Prévoir du temps pour l'accueil : le jour J, la personne en charge de l'accueil (RH, CEO, Office Manager, N+1, ...) du nouvel arrivé doit se montrer disponible. L'accueillir, lui faire faire le tour des locaux et faire les présentations avec l'équipe est clé. Répondre à ses questions éventuelles sur la culture, les process etc. permet de rassurer votre nouveau collaborateur.

- Mettre en place un système de *buddy* : une personne qui est chargée de l'intégration du nouveau venu et de faciliter son arrivée - idéalement, il faut choisir quelqu'un qui ne travaille pas directement avec lui.

- Fixer des objectifs : prévoir un premier point avec son N+1 assez rapidement et fixer des objectifs sur lesquels vous êtes d'accord, afin de faciliter son intégration dans la startup tout en montrant que vous lui faites confiance.

Au sein de **Buffer** par exemple, chaque nouvel entrant à 3 buddies : un pour les compétences, un pour le leadership, un pour la culture.

Chez **Malt**, les nouveaux arrivants ont une semaine pour se familiariser avec le produit et les équipes avant de commencer à travailler sur leurs projets.

Chez **PayFit**, le nouveau collaborateur est invité à un barbecue avant son arrivée pour échanger avec l'équipe de manière informelle. Il est ensuite accueilli avec une carte signée par ses collègues dans son Welcome Kit.

En gardant un esprit ouvert et empathique, les seules limites d'un bon processus d'onboarding sont finalement ceux de votre imagination !

“ *L'Onboarding est un sujet sur lequel nous avons investi très tôt. On était encore une équipe de moins de 10 personnes lorsque l'on a réalisé qu'on allait être amenés à avoir plus de nouveaux collaborateurs que de collaborateurs existants vu la croissance, et que les enjeux principaux allaient être le transfert de la connaissance et l'intégration. En 2019 on est passé de 35 collaborateurs à 135, en 2020 nous allons être 300.*

Chez Spendesk, l'Onboarding c'est une période de 4 semaines. On y consacre du temps et on ne s'attend pas à ce que le collaborateur produise directement. Le nouveau Spendesker a évidemment tout son poste de travail préparé en amont de son arrivée, un buddy au sein de l'entreprise (qui n'est pas de son équipe et qui répondra aux questions et aux étonnements), plus une personne de son équipe qui va l'accompagner sur la partie plutôt fonctionnelle.

La première semaine est remplie de workshops, de présentations de notre produit, du business model, de la dynamique entre équipes. Le but ? Que tout le monde ait le même premier niveau d'information. C'est le moment où les collaborateurs s'approprient et comprennent l'entreprise, où ils vont vivre la culture de la boîte. C'est une période extrêmement importante car les premières semaines conditionnent la façon dont la personne va s'intégrer socialement à l'entreprise. On organise ces sessions toutes les deux semaines, donc ils sont entre 8 et 10 par promotion.

Les 3 autres semaines, les nouveaux arrivants plongent plutôt dans leur futur poste et équipe. Il y a un "ramp-up", lors duquel ils vont devoir acquérir un certain nombre de skills pour pouvoir exercer leurs fonctions. Ce ramp-up est dépendant de chaque équipe et assure l'intégration fonctionnelle, grâce à un mélange d'exercices pratiques et théoriques.

L'Onboarding se termine par un rapport d'étonnement où les nouveaux Spendeskers nous font des retours sur l'expérience et partagent des points d'amélioration. Les retours sont constructifs et positifs, ce qui ressort le plus c'est la facilité donnée à la rencontre, donc au lien social ! »

Rodolphe Ardant, co-fondateur et CEO de Spendesk

C. L'accompagnement de l'évolution des membres de l'équipe

Les besoins de la startup évoluent très vite, l'environnement de travail aussi et les envies et aspirations des collaborateurs sont obligatoirement bousculées par ces mouvements. Votre objectif sera donc de concilier les deux : permettre aux équipes d'évoluer pour répondre aux enjeux de la startup.

Ne pas accompagner ses équipes, à l'inverse, est risqué. L'investissement temporel et financier pour le recrutement et l'onboarding des collaborateurs est élevé. Ne pas leur présenter d'opportunités d'évolution les met sur la touche d'emblée, provoque un désengagement délicat pour l'entreprise et peut à terme les amener à partir, appauvrissant la culture commune de la startup (ou libérant une place pour des A players...)

Comme dans les entreprises traditionnelles, voire encore plus compte tenu de la tension sur les recrutements, il est par ailleurs plus coûteux de trouver et embaucher de nouveaux profils que de faire grandir ceux qui sont déjà dans la startup. Après tout, personne ne la connaît mieux que ceux qui travaillent déjà pour celle-ci.

Accompagner les collaborateurs dans leur évolution doit donc être une priorité : cela permet d'investir sur des talents déjà acquis et de fidéliser les collaborateurs ! Et lorsqu'une entreprise fidélise ses talents, ses bénéfices augmentent de 25 à 85% [26].

> *Il faut arrêter de mettre les gens dans des cases et penser que quelqu'un qui est là au démarrage d'une boite n'a pas les skills ou les capacités intellectuelles pour évoluer.*
>
> *Si dès le début on recrute la personne avec le bon état d'esprit, qu'elle est motivée, partage nos valeurs et qu'on lui donne les moyens de se former, elle sera capable de grandir aussi vite que l'entreprise. C'est le meilleur pacte que l'entreprise puisse proposer ; on a quelqu'un qui est motivé, qui connait l'entreprise par cœur, qui a eu des postes différents, qui connait les problématiques des clients, qui est fidèle au projet et qui veut évoluer avec la boite. Alors*

[26] Roadoo – 10 chiffres sur la motivation au travail et les ressources humaines, **https://www.roadoo-network.com/10-chiffres-motivation-travail-ressources-humaines/**

pourquoi pas ? Si on n'investit pas dans ses collaborateurs, dans quoi faut-il investir ? C'est le plus bel asset qu'on a en tant qu'entreprise ! »

Céline Lazorthes, Fondatrice de Leetchi & Mangopay

L'évolution à l'horizontal plutôt qu'en vertical

Quand on parle d'évolution, vous pensez en premier lieu à une évolution hiérarchique. Mais non seulement il n'y a pas de place pour tout le monde, mais encore vos premiers salariés ne sont-ils pas tous faits pour devenir les futurs managers de votre licorne. Vous devez donc envisager d'autres formes d'évolution, plus horizontale, comme de proposer à vos collaborateurs de participer à des projets qui ne sont pas nécessairement en lien direct avec leur fiche de poste.

Ce fonctionnement en mode projet, couplé à une évolution transversale permet de fournir des bons résultats individuels et collectifs : les collaborateurs peuvent progresser et voir d'autres choses, tout en apportant des compétences différentes aux projets sur lesquels ils travaillent. Cela permet de nourrir les talents et donc de les fidéliser.

Vous pouvez aussi penser méta-compétences *(agility, learn to learn, change readiness, autonomy, capacité à se remettre en cause)*, un concept développé en ce moment par MacKinsey. Ce sont ces méga-compétences qui permettent de déplacer un collaborateur successful dans son poste vers un autre poste éventuellement très différent pour lequel ses capacités à réussir seront bien plus utiles que ses compétences professionnelles d'origine.

Bien entendu, cette évolution doit se faire en parallèle des évolutions de carrière et non en lieu et place de ces évolutions verticales. En effet, les éléments de base du package (salaire, responsabilités, parts de l'entreprise pour certains profils) restent des éléments clés sur lesquels il est primordial d'offrir de la visibilité aux collaborateurs.

Les différentes pistes permettant d'accompagner les profils clés dans leur évolution :

- Faciliter le travail en mode projet et transversal (comme vu plus haut)
- Permettre de proposer des projets d'amélioration en interne et attribuer du temps et/ou de l'argent à leur développement
- Proposer des formations pertinentes : encourager les talents à se former sur leur temps de travail, établir un process d'approbation des formations
- Faire coacher les équipes ou individus : pour leur permettre de définir et d'atteindre de nouveaux objectifs stimulants et alignés

Au final, il peut être utile de se représenter les choses ainsi : il est logique qu'en tant que fondateur vous comptiez évoluer et vous développer au même rythme que votre startup. Pourquoi faire différemment avec les profils clés de votre équipe ? Il peut être tentant de considérer que certains profils sont « capés » et qu'il faille « faire entrer de la séniorité » sur certains postes. C'est parfois vrai mais dans de nombreux autres cas vous pouvez considérer vos A players au même titre que vous considérez votre situation en tant que fondateur. *« De quoi ont-ils besoin pour évoluer et comment les faire évoluer ? »*.

3. L'importance du timing et de l'offboarding

Il est clair que le timing est essentiel dans le milieu entreprenarial et le recrutement tant l'organisation sont très timing-dépendants. Le mouvement est permanent et il est important de ne pas (trop) se laisser dépasser par la croissance, qui exerce une pression sur les équipes.

Qui dit croissance dit recrutement et là encore le timing est essentiel : recruter trop de collaborateurs trop tôt peut pousser une startup vers l'échec, puisque la structure n'est peut-être pas assez solide pour soutenir un effectif triplé en quelques mois, surtout avec un schéma organisationnel pas assez strict.

Mais l'inverse est également vrai : ne pas recruter assez tôt peut mettre trop de charge de travail sur les équipes et freiner la croissance.

Il faut anticiper, mais pas trop. Il faut temporiser, mais pas trop. En bref : tout est une question de timing. Faites-vous confiance sur ce sujet, mais demandez également l'avis de vos conseillers !

Enfin, en cas de mauvais recrutement, ou de départ d'un salarié, ne négligez pas *l'offboarding* : le process de départ. Souvent négligé voire fait à la va-vite, il fait pourtant la différence !

Un collaborateur qui reçoit un mauvais traitement lors de son départ ne reviendra pas et diffusera une image négative de votre startup à son réseau - et une réputation se défait rapidement ! Les autres membres de l'équipe verraient aussi peut-être cela comme un mauvais signal.

A l'inverse, prendre le temps de se poser avec la personne qui part vous permettra de recueillir des informations importantes sur votre process RH dans l'entreprise - et donc de l'améliorer. Se quitter en bons termes (ou à minima, rester cordial) quelles que soient les circonstances est préférable pour les deux parties.

L'ENJEU 3 POUR LES FAST LECTEURS

La réussite ou l'échec d'une startup dépend fortement des membres de l'équipage, or avoir une "bonne" équipe n'est pas quelque chose de définitif. La forte croissance, les recrutements, ..., Tout va vite en start up. Dans ce cadre, il ne s'agit pas uniquement d'avoir les meilleurs joueurs, mais bien d'avoir une bonne équipe, organisée de façon performante.

La bonne équipe, bien organisée au bon moment, étape par étape :

1. Commencez par l'organisation pour poser les bases de votre structure
2. Interrogez votre organisation en continu au fur et à mesure de votre croissance
3. A partir de votre organisation, déduisez vos besoins en compétences
4. Identifiez, attirez et sélectionnez les meilleurs talents
5. Soignez votre onboarding pour limiter le turn over
6. Accompagnez l'évolution de vos collaborateurs, en vertical et en horizontal
7. Quand cela arrive, ne négligez pas non plus l'offboarding !

Cet enjeu, une fois posé en 7 étapes semble presque simple... Bien entendu il n'en est rien et chaque étape comporte ses pièges et ses nuances. N'hésitez pas à vous référer aux détails de ce chapitre pour explorer les enjeux de chaque étape et les bonnes pratiques à adopter.

ENJEU 4 :

Choisir la bonne relation à son travail

Notre relation avec le travail, on la considère peu - surtout en tant qu'entrepreneur. Après tout, on est son propre boss ! On est libre et motivé ! Et pourtant ... Le burnout et la dépression sont une dure réalité pour les entrepreneurs.

Notre bien-être mental ne doit pas être considéré comme acquis, mais être développé. Il y a quelques années, Business Insider publiait ainsi un article sur la communauté startups aux Etats-Unis : 30% des fondateurs déclaraient souffrir des effets de la dépression (contre 7% à l'échelle de la population générale) .[27] Parmi ceux-là, 50% arrivaient jusqu'au stade du burnout. Si vous pensez que cela n'arrive qu'aux autres, détrompez-vous : des "superhéros" qui pensaient comme vous, il y en a plein les hôpitaux et le « craquage » est cruel par son coté « soudain » et difficile à prévoir.

Et au-delà de l'énorme gâchis humain que de se retrouver dans cette situation, la réalité est que peu d'entreprises se relèvent du départ soudain d'un fondateur en cas d'urgence de ce type. A ce sujet, il est intéressant de noter que la raison pour laquelle les fonds investissent beaucoup moins

[27] Entrepreneur – Understanding Entrepreneurial Burnout, **https://www.entrepreneur.com/article/333631**

souvent sur des « solo founder » tient en grande partie au fait que la pression devient beaucoup trop grande pour un seul individu, notamment sans soutien de ses pairs associés... Et donc trop risqué pour un investisseur...

La réponse, ça n'est pas d'avoir un style de vie parfait : dormir 8h par nuit, manger 5 fruits et légumes par jour, faire du sport... L'important, c'est de trouver son propre équilibre pour arriver à travailler dans un contexte exigeant tout en se préservant. En tant qu'entrepreneur, vous êtes le premier asset de votre startup. Une bonne métaphore serait de comparer votre aventure à celle d'un sportif de haut niveau. Un sportif de haut niveau soumet son corps à des niveaux d'intensité qui n'ont rien de « normal ». De fait, il est particulièrement attentif à l'intégralité de son hygiène de vie (sommeil, nutrition, jours de repos) pour maximiser la performance et éviter la blessure. Un entrepreneur à succès fait de même, il gère la trajectoire vers la réussite dans un environnement de haute exigence en soignant sa monture : lui-même. Ceux qui échouent se font un claquage quand ils réalisent que le sprint était en fait un marathon...

1. L'hygiène de travail

Ce qui compte le plus dans une startup, c'est son équipe de fondateurs. Si vous explosez en vol, c'est la fin de votre entreprise. Il est donc essentiel de prendre soin de vous !

Comme dit précédemment, à l'image d'un sportif de haut niveau, vous devez prendre votre santé - mentale et physique - au sérieux. Cela passe par votre relation au travail et l'appréhension de votre vie professionnelle.

Oui, les horaires sont longs.

Oui, la charge mentale est élevée.

Oui, le stress est une réalité.

Ce sont des composantes naturelles de la vie d'entrepreneur. Mais cela ne veut pas dire qu'il faut y aller tête baissée ! Apprendre à gérer les aléas fait partie des compétences essentielles à développer et passe par :

- **La discipline :** gérer son hygiène de vie à la manière d'un sportif de haut niveau
- **L'approche intelligente du travail :** travailler mieux, pas plus
- **Les pauses :** prendre ses weekends, des vacances
- **L'auto-responsabilité :** écouter les signaux de son corps et réagir en fonction

Comment s'auto-gérer en tant qu'entrepreneur ? Les fondamentaux :

- **Trouver votre organisation de travail :** plutôt du soir ou du matin ? Plutôt à travailler sur de longues périodes ou par intervalle plus courts ? Savoir comment vous travaillez et suivre ce rythme vous permettra d'optimiser vos résultats.
- **Bloquer les distractions :** faites le point sur ce qui est essentiel

dans vos activités au jour le jour, ce qui vous permet d'avancer. Quand vous travaillez dessus, ne laissez aucune distraction intervenir : appel, email, réseaux sociaux... Coupez autant de notifications que possible

- **Poser un cadre et le respecter :** définir vos horaires, les jours off, prévoir vos vacances et prendre vos jours d'arrêt maladie, tout comme un salarié. Votre cadre sera peut-être différent mais pensez-y et tenez-le autant que possible. S'il ne fonctionne pas : interrogez-le et redéfinissez-le !

- **Déconnecter :** en dehors de vos horaires, résistez à la tentation de checker vos emails. Prévoyez des temps de déconnection (soir et/ou weekend) pour respirer et faire autre chose. Sans recul et temps de pause, votre cerveau est incapable de donner son maximum. Pas de génie avec la tête sans cesse dans le guidon...

- **Bouger :** peu importe que vous soyez adepte de la course à pied, de la boxe ou du yoga, l'essentiel est de bouger votre corps qui accumule au quotidien toutes vos tensions. Pour faire simple : bloquez des plages de sport dans votre agenda et tenez-vous-y ! Qui plus est, le sport est un raccourci vers le bonheur via les endorphines. Pourquoi se priver...

- **Se nourrir :** au sens propre comme figuré, alimentez-vous de bons produits - repas, sorties expos, livres ... - pour maximiser votre bien-être tout en reposant votre esprit. Pour ceux qui souhaitent approfondir, voir un(e) naturopathe peut aider par exemple...

Si à ce stade vous pensez cela impossible ou inutile, rappelez-vous que ce guide a été écrit en rencontrant de nombreux entrepreneurs ayant réussi ou échoué... Ce n'est pas nous qui le disons et ces fondamentaux sont partagés par les entrepreneurs les plus impressionnants rencontrés dans l'élaboration de cet ouvrage ! L'inverse est malheureusement tout aussi vrai...

2. Les sources de motivation.

Aimer profondément bosser pour sa startup, c'est normal - c'est même souhaitable ! Mais il ne faut pas oublier que l'histoire est souvent longue : il faut compter au moins 5 à 7 ans pour amener sa boite vers la réussite. Sur le long terme, il est ainsi impératif de se reposer sur une source d'énergie et de motivation durable - à l'inverse de sources d'énergies éphémères. Petite visite guidée de ce que cela veut dire au quotidien.

A. Les « bonnes » sources de motivation.

On entre généralement dans l'aventure entreprenariale avec beaucoup d'entrain, d'espoir et une vision. Même si tous les entrepreneurs ne veulent pas changer le monde, ils veulent tous changer quelque chose - à minima, faire bouger un marché.

Avec l'évolution de la startup cependant (pivots, changements de direction, aléas), il est parfois possible que nos valeurs personnelles finissent par ne plus s'aligner avec les valeurs incarnées par notre startup.

Il arrive ainsi que les décisions, croyances et pratiques de la startup ne soient plus en adéquation avec nos valeurs personnelles - ou même pire, qu'elles soient en totale opposition avec celles-ci.

Ce processus a un nom en sciences humaines : la dissonance cognitive. Si ça a l'air sérieux, ça l'est en effet[28] . La dissonance cognitive a des conséquences graves au travail : perte de sens *(brown-out)* ou d'intérêt *(bore-out)*, désengagement, comportement inapproprié et/ou négatif, mauvais effets sur la santé...

Concrètement, un fondateur qui ne se reconnaît plus dans ce qui est incarné par la startup reçoit quotidiennement une pression très forte. Il peut alors tirer dans l'autre sens, voire saboter (consciemment ou inconsciemment) les efforts collectifs.

Aux niveaux individuels et collectifs : la dissonance cognitive est un risque réel ! 36% des actifs occupés ont déjà vécu des conflits de valeurs dans l'exercice de leur travail. C'est le Risque Psycho Social qui cause le plus de déficit de bien-être[29].

---

[28] Paul Marks - Impact of cognitive dissonance in the workplace, **https://www.linkedin.com/pulse/impact-cognitive-dissonance-workplace-paul-marks/**

[29] DARES Travail Emploi – Chiffres clés sur les conditions de travail et la santé au travail (2016), **https://dares.travail-emploi.gouv.fr/IMG/pdf/synthese._stat_chiffres_cles_cond_travail.pdf**

Il est ainsi important de détecter rapidement une situation où les valeurs personnelles et professionnelles ne correspondent plus et d'en parler ouvertement pour arriver à une décision commune. L'intervention d'une personne extérieure et neutre peut ici aider à démêler la situation.

L'idéal étant - bien évidemment - d'avoir identifié ses valeurs en amont, de les prioriser et d'ensuite trouver (ou créer) une occupation qui y corresponde. C'est justement ce que permet la méthode Ikigai.

Comment y voir clair sur ses motivations profondes grâce à l'Ikigai ?

L'Ikigai est un terme japonais désignant l'objectif absolu dans son rapport au travail, sa "voie" professionnelle au sens le plus noble. L'Ikigai se situe à l'intersection de 4 éléments fondamentaux constituant l'action d'un individu :

- Ce qu'il aime faire
- Ce qu'il sait faire
- Ce qu'il apporte aux autres
- Ce pour quoi il est payé

Par exemple, si vous êtes payé pour faire quelque chose que vous savez faire, vous avez un emploi. Pour autant, cet emploi n'est pas nécessairement quelque chose que vous aimez faire, ni qui a une utilité directe pour la collectivité.

La représentation la plus commune de l'Ikigai est l'intersection de cercles représentant ces éléments fondamentaux de la relation au travail :

Ce schéma représente le cœur, presque littéralement, de ce qu'on appelle le conflit (ou l'harmonie) entre les valeurs personnelles et professionnelles.

Bien utilisé, l'Ikigai est un bon outil de management et d'efficience.

Pour aller plus loin sur ce sujet, nous vous recommandons la lecture de l'excellent ouvrage « Ikigai: The Japanese secret to a long and happy life » de Francesc Miralles et Héctor García[30] .

B. Motivation intrinsèque vs motivation extrinsèque.

Nous l'avons vu, pour tenir sur la durée, tout entrepreneur a besoin d'un très grand réservoir d'énergie et de motivation. Cette dernière est un élément à ne pas négliger dans sa vie d'entrepreneur. Pour autant, derrière ce terme bien connu de motivation, en psychologie on peut distinguer deux types de motivation qui n'ont pas grand-chose à voir en termes de « sources d'énergie permettant de tenir le marathon ».

La motivation se divise en 2 catégories :

- La motivation extrinsèque recouvre tout ce que l'on fait uniquement ou essentiellement pour le résultat. L'argent, le pouvoir, la célébrité sont de bons exemples de motivations extrinsèques.

- La motivation intrinsèque recouvre tout ce que l'on fait pour le plaisir de le faire indépendamment du résultat. Vous aimez la compétition ? Tout ce qui touche à la stratégie ? Le contact humain ? Les motivations intrinsèques sont en fait vos motivations

[30] « Ikigai: The Japanese secret to a long and happy life » de Héctor García et Fransesc Miralles (Hutchinson)»

profondes !

Là où la motivation extrinsèque se concentre sur des éléments certes importants, mais superficiels, la motivation intrinsèque va puiser dans nos valeurs internes. C'est ce qui fait qu'on a la pêche en se levant le matin, qu'on continue malgré les aléas et qu'on avance malgré la raison (qui nous rappelle que la plupart des startups échouent).

Dans l'aventure entreprenariale, concrètement, cela veut dire que ceux qui ne sont pas intrinsèquement motivés par leur projet - qu'il s'agisse de la vision derrière le projet, de l'impact, du sens, ou du frisson quotidien de la réalité entreprenariale - tiennent rarement le coup sur le long terme... Vous faites cela pour l'argent ? Le succès ? La réussite ? La célébrité ? Si c'est UNIQUEMENT pour cela il y a fort à parier que vous allez vous épuiser en chemin...

Comment faire le tri entre ce qui vous motive intrinsèquement ou extrinsèquement ? Guide Pratique

Posez-vous les questions suivantes :

- Êtes-vous vraiment motivé par la vision de votre entreprise ? Avez-vous vraiment envie de porter ce changement ?

- Trouvez-vous du sens profond pour vous dans le projet de l'entreprise ?

Si vous avez répondu oui, bonne nouvelle : ces motivations intrinsèques liées au sens sont de formidables réservoirs d'énergie sur le long terme.

- Malgré les difficultés quotidiennes et indépendamment de votre projet, prenez vous du plaisir dans votre style de vie d'entrepreneur plutôt que salarié par exemple ?

- Si vous gagnez au loto demain, continueriez-vous à monter des projets entrepreneuriaux ?

Si vous avez répondu oui, bonne nouvelle : vous êtes intrinsèquement motivé par la vie d'entrepreneur. C'est bon signe pour la suite.

- Au sein de l'entreprise, quelle est la part de votre temps passé à faire des tâches qui vous motivent, vous plaisent et vous gonflent à bloc ?

- Inversement, quelle est la part de votre temps passé à faire des tâches qui vous épuisent ou vous déplaisent profondément ?

- Ce que vous faites pour le plaisir hors de votre travail ressemble à ce que vous faite au quotidien (social, intellectuel, changement ...) ou pas du tout ?

Si vous passez plus de temps sur des tâches qui vous motivent et vous ressemblent qu'à des tâches qui vous déplaisent, bonne nouvelle : indépendamment de la vision et du style de vie de l'entreprise, vous avez réussi à vous créer un environnement de travail dans lequel vous faites plutôt ce qui vous ressource que ce qui vous épuise.

Si vous cumulez les réponses « non » et réalisez que vous faites cela pour l'argent, le pouvoir... (Ou parfois sans même savoir pourquoi !), la route sera longue et difficile et vous n'en verrez peut-être pas le bout. Ceci étant, en faisant preuve de recul et en gardant l'esprit ouvert, des solutions existent :

- **Manque de motivation intrinsèque coté Vision >** Se poser la question du projet actuel et songer à passer à un autre projet

- **Manque de motivation intrinsèque côté Style de vie entreprenarial >** S'interroger sur les réelles motivations à s'infliger un statut d'entrepreneur quand le salariat peut aussi être un statut confortable et excitant si le projet que vous rejoignez en vaut la peine. Pourquoi ne pas devenir salarié en startup d'ailleurs ?

- **Manque de motivation intrinsèque côté quotidien >** Passer plus de temps sur ce que vous aimez et déléguez le reste. Dans 99% des cas c'est beaucoup plus faisable que vous ne le l'imaginez !

Enfin, il est très important de souligner qu'il serait illusoire de pouvoir cocher toutes les cases à chaque instant. L'essentiel est de surveiller la balance. Idem, la motivation extrinsèque n'est pas une mauvaise chose en soi, ce n'est juste pas un réservoir d'énergie suffisant si elle est seule.

Si vous souhaitez approfondir ces sujets et découvrir ce qui vous motive intrinsèquement en tant que personne, nous vous conseillons de faire appel à un coach de dirigeant qui saura vous aider à clarifier vos envies et vous débarrasser de ce qui ne vous correspond pas et que vous faites pour de mauvaises raisons.

Enfin, pour approfondir nous vous conseillons ce livre peu connu mais phénoménal : « Manager selon les personnalités, les neurosciences au secours de la motivation » de Jacques Fradin et Frédéric Le Moullec[31].

3. Un équilibre de vie parfait ?

L'équilibre de vie parfait n'existe pas - comme sur un vélo, il s'agit de savoir quand donner un élan supplémentaire et quand se laisser guider.

Se défaire du perfectionnisme sur ce sujet (et tous les autres d'ailleurs) permet d'alléger la pression quotidienne. Nous faisons tous du mieux que nous pouvons.

Mais cela ne veut pas devenir une excuse pour une hygiène de travail subie ou laissée à l'abandon. Il s'agit plutôt de tendre vers plus d'équilibre, tout en acceptant qu'il s'agit un idéal inatteignable. La différence est subtile mais a son importance.

Cela veut aussi dire que tous les conseils concernant l'équilibre entre vie professionnelle et vie personnelle - y compris les nôtres - sont à prendre avec une pincée de sel ! Plutôt que de suivre des dogmes et des recettes, écoutez et apprenez à connaitre vos propres jauges, notamment vis à vis des piliers fondamentaux de tout individu. Voici un passage en revue de ce

---

[31] « Manager selon les personnalités, les neurosciences au secours de la motivation » de Jacques Fradin et Frédéric Le Moullec (Eyrolles)

qui fait le socle d'une hygiène de travail (et de vie !) :

- **Le sommeil**

Certes, on vous répète toujours de dormir plus, de poser votre téléphone 2 heures avant le coucher, de faire des nuits de 8 heures... Mais la vérité, c'est que la quantité de sommeil nécessaire dépend de chaque individu.

Qui plus est, bien que l'on comprenne tous l'importance du sommeil, la réalité est parfois plus complexe quand il s'agit de la mettre en place.

Le sommeil reste toutefois un indicateur à garder en tête : si vos nuits se dégradent soudainement, si vous avez besoin de 8 heures de sommeil et que vous n'en avez plus que 3 par exemple, c'est un signe que quelque chose doit changer. Cette approche ne sera pas viable sur le long terme - et vos performances professionnelles en pâtiront.

Et accessoirement, ne vous interdisez jamais de faire une sieste ou un power nap. C'est Arianna Huffington, fondatrice du HuffingtonPost, dans son livre best-seller "The sleep revolution"[32], qui en est aujourd'hui la meilleure défenderesse.

- **Les activités extra-professionnelles et le sport**

Votre cerveau a besoin de décompresser pour être intelligent ou

[32] «The Sleep Revolution: Transforming your life, one night at a time» de Arianna Huffington (WH Allen)»

créatif. Quand on a la tête dans le guidon 7j/7 et 24H/24, notre esprit ne peut pas souffler.

Les connexions qui sont faites au repos - celles qui nous permettent de résoudre des problèmes compliqués alors qu'on pensait à autre chose - sont essentielles pour avancer. Pour preuve, le sport permet par exemple d'augmenter la productivité de 6 à 9%[33].

De même, notre corps a besoin de bouger, c'est dans notre nature. Le sport est donc un très bon moyen de relâcher la pression, mais pas besoin de se faire 2h de footing par soir pour profiter de ses bienfaits. Il existe de multiples façons de faire du sport ! Prendre 5 minutes pour s'étirer le matin, aller marcher pendant sa pause dej, faire une partie de foot ou une heure de yoga ou de pilâtes quand vous pouvez (forcez-vous…). Voici autant d'options qui vous permettront de vous sentir mieux et d'entretenir votre principal capital : vous-même.

- **Les relations sociales**

On l'a dit plus haut, savoir s'entourer est primordial pour tous les sujets professionnels. Mais le côté perso est important aussi ! En effet n'oubliez jamais qu'introverti ou extraverti, solitaire ou non : l'être humain est un animal social par nature. Notre épanouissement passe forcément par les

---

[33] Goodwill Management – L'impact économique de la pratique du sport en entreprise
https://cnosf.franceolympique.com/cnosf/actus/6625-etude-sur-le-sport-en-entreprise.html

autres, la différence se jouant simplement au niveau de l'intensité !

Nos proches (amis, famille, partenaire) sont de bons indicateurs pour nous signaler les changements que l'on n'a pas identifiés. *"Tu rentres de plus en plus tard le soir"* ou *"On ne te voit plus au brunch du dimanche"* peuvent être des signes que notre équilibre vie pro / vie perso se dégrade

L'ENJEU 4 POUR LES FAST LECTEURS

Une startup qui décolle se repose sur un bon entourage, un bon alignement, une bonne équipe... Et un capitaine en pleine possession de ses moyens ! La bonne relation à son travail se choisit, se peaufine, s'améliore sans cesse... Alors pour être la meilleure version de vous-même et éviter le pire, voici un récapitulatif de ce qui a été abordé dans ce chapitre.

Hygiène de travail :

- Trouvez votre organisation, votre propre cadre et essayez de le tenir
- Au quotidien, bloquez les distractions et sachez déconnecter
- Bougez, préservez du temps hors travail pour permettre à votre cerveau de décompresser
- Soyez attentif à votre rapport à la nourriture
- Soignez votre sommeil, quel que soit votre besoin journalier
- Ne négligez pas vos relations sociales hors travail, que vous soyez introverti ou extraverti

Motivation durable :

- Connaissez vos valeurs profondes grâce à l'Ikigai
- Évitez au maximum une situation professionnelle qui heurterait vos valeurs
- Privilégiez la motivation intrinsèque à la motivation extrinsèque

Comme souligné dans ce chapitre, l'essentiel est de privilégier l'équilibre à un idéal. Prenez le temps de bien vous connaitre et d'être à l'écoute de l'état de vos différentes « jauges » internes... Tout ne peut pas être parfait, mais ce n'est pas une raison pour ne pas ménager votre monture !

ENJEU 5 :

Développer son leadership

Nos recherches et l'étude CB Insight qui ont servi de base à cet ouvrage ne mentionnent pas le leadership comme facteur de réussite ou d'échec ! Quelle surprise ! En réalité, le leadership des fondateurs a un impact fort sur la trajectoire de l'entreprise, mais pas de manière aussi évidente que les autres enjeux détaillés dans cet ouvrage.

En effet, concrètement, le leadership est la capacité d'emmener les gens le mieux possible, le plus loin possible. Cela semble très en lien avec le destin d'une startup. Pourquoi n'est-ce pas un enjeu humain clé d'après les études ?

Il serait faux de considérer une manière de manager ou un type de leadership comme cause ou raison de succès ou d'échec d'une startup. Ou même de mettre en avant une « bonne manière de manager » ou un « mauvais type de leadership ». Difficile à quantifier, parfois oublié par les fondateurs, c'est un sujet complexe.

Ceci étant, une défaillance de leadership aux postes clés de l'entreprise (à commencer par les fondateurs !) peut fortement ralentir la croissance et le développement de celle-ci. Inversement, un leader incroyable portera ses équipes au bout du monde ! Et leur permettra de surmonter les embûches les plus complexes (qui ne manqueront pas d'arriver).

Pour autant - et c'est l'une des raisons pour lesquelles nous ne pouvons pas considérer le leadership comme une cause binaire de réussite ou d'échec - il n'y a pas qu'un seul type de leadership. Loin s'en faut !

Ainsi, l'objectif est moins de s'assurer de remplir le cahier des charges d'un bon leader que de faire son maximum pour développer son leadership personnel. Pensez à tous vos héros dans le monde de l'entreprenariat : ils ont certes des traits en communs mais il n'y a pas une seule manière d'être un excellent leader...

Comment développer un bon leadership ?

La réponse est brève : en ne cherchant pas à copier le style de quelqu'un d'autre ! Jouez sur vos forces, cherchez à vous améliorer en permanence, mais pas à changer. Il est utile de se documenter sur les différents styles de leadership, mais prenez ce qui vous parle et laissez le reste. En clair, inutile de vous prendre pour Steve Jobs et porter des pulls col roulés noirs en permanence, ni Xavier Niel et arborer non-stop une chemise immaculée et un sourire de circonstance. Soyez vous même, c'est toujours mieux.

Même s'il est crucial de tenter de se rapprocher au maximum de SON style de leadership, il est important de noter qu'il n'est pas vrai de dire que tout le monde à un potentiel de leader. Nous ne sommes tout simplement pas égaux là-dessus.

Dans certains cas, vous concentrer sur un autre aspect sera une bien meilleure utilisation de vos ressources pour votre startup : si être un leader n'est pas votre force et/ou ne vous attire pas, c'est probablement un rôle à laisser à l'un de vos cofondateurs. Bonne nouvelle : les investisseurs vont sans conteste privilégier l'équipe de management plutôt que le dirigeant. En effet, plus de 90% des femmes et 92% des hommes investisseurs recherchent une équipe de management homogène, à la fois solide, professionnelle et complémentaire, plutôt qu'un dirigeant charismatique... Raison de plus pour prendre du recul sur la notion de leadership personnel ?

“ *Un des premiers critères de choix pour accompagner une startup est l'équipe de management, sa cohérence, la façon dont les profils se complètent, leur vision. Je passe beaucoup de temps à échanger avec mes potentiels futurs clients afin de m'assurer de leur motivation, et donc de la capacité que nous aurons à leur apporter de la valeur. »*

Albert SZULMAN, Fondateur et COO de ScaleUp Booster,
Membre des Rebondisseurs Français

Ce sujet étant majeur, nous assumons de ne pas le développer plus avant ici. Nous vous donnons rendez-vous pour un prochain ouvrage qui lui sera consacré à 100%.

CONCLUSION

Au travers des 5 composantes mises en avant dans cet ouvrage, nous souhaitons vous offrir une grille de lecture, un outil de pilotage global pour faire du facteur humain une force et non un risque. Mais si la théorie est (relativement) simple à comprendre, c'est dans votre capacité à comprendre les multiples nuances du facteur humain que résidera la réussite de votre startup, tout autant que dans son business model ou son financement.

Néanmoins, préserver l'aspect humain ne garantit pas le succès même si il y contribue fortement. Et au-delà des apparences, il arrive que la notion même de succès cache un gâchis. Quid de ces fondateurs pris de remords au moment de la revente de leur entreprise se demandant dans quelle situation ils laissaient leur équipe ? Quid des conditions plus que discutables dans lesquelles se passent la plupart des rachats ? Comment aborder les sacrifices bien réels que font certains entrepreneurs et quel sens leur donner par rapport à la réalité du succès ? Que dire de ces startupers ayant vendu leur « bébé » éjectés quelques mois plus tard du projet, riches mais malheureux ?

En effet, derrière tout projet entreprenarial se cache quasi systématiquement le projet de vie de ses principaux acteurs ! Ainsi dans cette aventure mouvementée, dure et exigeante, il est plus que crucial de se poser des questions sur sa propre définition du « succès ». Au-delà du fait que peu arriveront à construire une licorne, en avez-vous envie ?

Et au final, êtes-vous à l'aise avec la dynamique de levée de fonds et ce qu'elle implique ?

En poussant le raisonnement plus loin : le modèle startup est-il le seul moyen d'entreprendre ?

La première chose à savoir quand on crée une boîte c'est qu'il va falloir être accrocheur, paranoïaque, têtu, malin, réaliste et surtout savoir qu'on a plus de chances d'arrêter que de continuer... »

Jean-David Blanc, fondateur d'Allo Ciné, fondateur de Molotov

Car oui, le facteur humain c'est aussi cela : prendre conscience des multiples projets de vie qui sont inextricablement liés au monde qu'est votre startup et œuvrer pour faire de cette aventure collective une belle réussite... Selon vos termes !

Et si, à l'issue de la lecture de ce livre, vous souhaitez évaluer la prise en compte du facteur humain dans votre propre projet, nous vous avons concocté un test gratuit à découvrir sur notre site **http://www.yaniro.co/**

MOTS CROISES

« *Se poser la question de l'importance de l'humain dans le succès de sa startup, c'est comme se poser la question de l'importance pour une voiture d'avoir 4 roues. Je ne vois pas comment on peut attribuer son succès à autre chose qu'à l'humain* »

Catherine Barba Chiaramonti,

(ex-DG d'iFrance. Fondatrice de Cashstore.fr puis de Malinéa revendu à Veepee. Depuis 5 ans aux US : créatrice du Pepslab (observatoire sur la transformation du retail) organisatrice d'events, investisseuse (essentiellement en early stage, et notamment dans Leetchi))

« *L'importance de l'humain dans un startup est primordiale. C'est 75% de réussite.* »

Benoît Sillard,

ex-patron de médias, fondateur de TVradio.com, puis de Commentçamarche ? et aujourd'hui actif dans une dizaine de startups essentiellement autour du e-commerce et de l'éducation. Président du conseil d'investissement du fond Fadiese et administrateur du fond Pleiade et CEO de TESTWE

« *Dans mon nouveau rôle d'investisseur, la part de l'humain est décisive. Une bonne équipe arrivera toujours à rebondir. Si tu as un doute sur l'équipe, pas de doute, tu passes, comme pour une embauche. L'association durera longtemps, au moins 10 ans, donc il vaut mieux fitter humainement* »

Julien Coulon,

ex-France Télécom, ex-Langages Virtuels, ex-AKAMAI, fondateur de CEDEXIS, DG de Crédit Mutuel Innovation depuis mi-2019

L'humain représente plus de la moitié du facteur succès ou échec de la boîte. Moi même quand j'investis dans une boite j'investis avant tout dans une équipe. Parce que même si le produit est merdique, le marché moyen, le business plan moyen, si l'équipe est bonne, l'équipe peut changer la donne, changer l'angle, pivoter et inventer autre chose. »

Jérôme Lascombes,

Fondateur de Hopscotch puis de Wiztopic, investisseur

L'humain est absolument clé dans le succès d'une entreprise. Pour lancer une entreprise, il est important d'avoir une vision, bien sûr, mais l'élément clé de la réussite d'une entreprise, à mon sens, réside avant tout dans la bonne exécution de son projet. Exécution dans laquelle l'humain a une part très importante notamment dans les petites structures. L'humain est clé au sein de son équipe mais aussi et surtout entre associés, la conduite d'une entreprise n'étant pas simple. La confiance entre associés doit être totale au risque de mettre en péril la stratégie et l'agilité nécessaire à la mettre en place...Idem vis à vis des investisseurs »

Isabelle Bordry,

Ex-DG Yahoo ! France, ex-Directrice des opérations Yahoo ! Europe, fondatrice de Digital Mum, puis de Retency, investisseuse.

Sans l'humain on ne fait rien c'est une tarte à la crème. C'est l'alchimie qui compte en fait, on peut avoir une équipe moyenne qui fonctionne mieux qu'une équipe de tueurs qui jouent chacun solo. J'en viens à penser que le « fit » humain est plus important que les compétences. Mais ça veut dire qu'on est compatible tout en étant différent, si tout le monde est pareil, on retourne à une équipe non fonctionnelle »

Julien Jacob,

ex VP ZDNet France, fondateur d'Obiwi, Ringmédia, SMC France, Média2 puis co-fondateur et COO de OuiFlash devenu OCUS

BIBLIOGRAPHIE

Agence du Numérique : Rapport d'activité 2015-2016

https://www.entreprises.gouv.fr/files/files/directions_services/agence-du-numerique/rapport-activite-Agence-du-Numerique.pdf

Wydden : les chiffres clés des startups en France

https://wydden.com/chiffres-cles-startups-france/#Taux_dechec_des_startups

CB Insights: Top 20 reasons why startups fail

https://www.cbinsights.com/research/startup-failure-reasons-top/?utm_source=CB+Insights+Newsletter&utm_campaign=db99525228-TuesNL_10_31_2017&utm_medium=email&utm_term=0_9dc0513989-db99525228-87481961

La boussole : Pourquoi se faire accompagner

https://laboussole.io/pourquoi-se-faire-accompagner/

"Predicting new venture survival: an analysis of "anatomy of a startup"" de William Gartner

https://www.researchgate.net/publication/223402407_Predicting_new_venture_survival_An_analysis_of_anatomy_of_a_start-up_cases_from_Inc_Magazine

Forbes,

https://www.forbes.com/sites/forbescoachescouncil/2017/03/13/how-coaching-really-works-and-how-to-make-the-most-of-it/#3db199986ba9

When Does Advice Impact Startup Performance? by Aaron Chatterji, Duke Fuqua and NBER - Solène M. Delecourt, Sharique Hasan - Rembrand Koning

https://www.hbs.edu/faculty/Publication%20Files/advice-impact-startup_b2f0105d-95d3-4f6d-8ae1-63f54c868548.pdf

CB Insights,

https://www.cbinsights.com/research/startup-failure-post-mortem/

Vadequa,

http://www.job2-0.com/article-vadequa-pour-un-meilleur-fit-culturel-entre-candidats-et-entreprises-108957960.html

Galion Project – Galion Values Process,

https://thegalionproject.com/values-process

Abilene Chrstian University – 9 rules for mananing conflit at work,

https://nategibson.net/9-rules-for-managing-conflict-at-work-by-abilene-christian-university/

« Les mots sont des fenêtres ou bien ce sont des murs » de Marshall B. Rosenberg (Editions La Découverte)

Equiteasy – des investisseurs professionnels dévoilent tout de leurs attentes,

https://equiteasy.com/blog/des-investisseurs-professionnels-devoilent-tout-de-leurs-attentes

BNP Paribas,

https://cib.bnpparibas.com/think/raising-the-bar-asia-s-empowered-investors-want-customisation_a-1-1021.html

Deloitte Global Millenial Survey,

https://www2.deloitte.com/global/en/pages/aboutdeloitte/articles/millennialsurvey.html

Deloitte - Core Beliefs and culture

https://www2.deloitte.com/content/dam/Deloitte/global/Documents/About-Deloitte/gx-core-beliefs-and-culture.pdf

Jobteaser – 4 étapes pour faire vivre votre culture d'entreprise,

https://corporate.jobteaser.com/fr/blog/recruiting-the-new-generation/branding/4-actions-concretes-pour-faire-vivre-culture-entreprise/

Re-work – Five keys to a successful Google team,

https://rework.withgoogle.com/blog/five-keys-to-a-successful-google-team/

« Reinventing Organizations: a guide to creating organizations inspired by the next stage of human consciousness» de Frédéric Laloux (Barnes & Noble pour la version en anglais, Diateino en français)

HR Voices – Recrutement raté, quel est le coût pour l'entreprise ?

https://www.hr-voice.com/recrutement/recrutement-rate-quel-est-le-cout-pour-lentreprise/2019/02/11/

« Who: the A method for hiring» de Geoff Smart et Randy Street (Ballantine Books)

Parlons RH,

https://www.parlonsrh.com/cdi-chez-les-15-34-ans-80-sont-rompus-en-moins-dun-an/

Roadoo – 10 chiffres sur la motivation au travail et les ressources humaines,

https://www.roadoo-network.com/10-chiffres-motivation-travail-ressources-humaines/

Entrepreneur – Understanding Entrepreneurial Burnout,

https://www.entrepreneur.com/article/333631

Paul Marks - Impact of cognitive dissonance in the workplace,

https://www.linkedin.com/pulse/impact-cognitive-dissonance-workplace-paul-marks/

DARES Travail Emploi – Chiffres clés sur les conditions de travail et la santé au travail (2016),

https://dares.travail-emploi.gouv.fr/IMG/pdf/synthese._stat_chiffres_cles_cond_travail.pdf

« Ikigai: The Japanese secret to a long and happy life » de Héctor García et Fransesc Miralles (Hutchinson)

« Manager selon les personnalités, les neurosciences au secours de la motivation » de Jacques Fradin et Frédéric Le Moullec (Eyrolles)

« The Sleep Revolution : Transforming your life, one night at a time» de Arianna Huffington (WH Allen) Goodwill Management – L'impact économique de la pratique du sport en entreprise

https://cnosf.franceolympique.com/cnosf/actus/6625-etude-sur-le-sport-en-entreprise.html

AUTEURS :

YANIRO :

Collectif de coachs de dirigeants focalisé dans l'accompagnement de startups, Yaniro permet aux entreprises en hypercroissance de faire du facteur humain une force plutôt qu'un risque. Collectif composé de coachs experts ayant tous coché la case de l'entreprenariat, Yaniro adapte les outils et pratiques classiques du coaching de dirigeants pour servir les enjeux spécifiques des startups.

JOB4 : Créateurs de belles aventures en startup !

A l'heure des projets toujours plus fous, des croissances démultipliées et des levées de fonds à 8 chiffres, il ne manque qu'un élément aux startups pour conquérir le monde : recruter. Notre but : créer le matching parfait entre nos talents et nos ambitieuses startups partenaires !

Elisabeth Astier-Woitiez, Co-Fondatrice de Yaniro

Sérial entrepreneure, Elisabeth commence sa carrière d'informaticienne par la transformation numérique des métiers. Après plusieurs gros projets de Change Management dans le groupe Bouygues, en 2001 Elisabeth saute le pas et rejoint le monde des startuppers, puis des entrepreneurs pour créer un cabinet de recrutement spécialisé dans la recherche de profils atypiques.

Passionnée d'innovations et d'aventures humaines, bravant souvent les croyances limitantes, en 2015, Elisabeth veut aller plus loin. Aujourd'hui coach de dirigeants, certifiée HEC Paris, Elisabeth accompagne les startups en croissance et les entreprises en transformation sur les enjeux d'innovation RH et favorise la libération des organisations.

Alexis Eve, Co-Fondateur de Yaniro

Psychologue de formation et Coach de Dirigeant certifié HEC Paris, Alexis a toujours nourri sa pratique de l'entrepreneuriat de sa passion du Facteur Humain. Qu'il s'agisse de lancement de projet, de la participation à différentes aventures startup ou encore en tant que directeur d'incubateur, Alexis a exploré les différentes facettes de l'écosystème startup français pour finalement co-fonder Yaniro.

Passionné d'innovation et d'idées, Alexis est également co-fondateur du cycle de conférence TEDx Panthéon Sorbonne.

Nicolas Fournier, Founder & CEO de JOB4

Après 10 ans en cabinet de conseil, Nicolas fonde JOB4, cabinet de chasse spécialiste des profils commerciaux et marketing en startup.

L'objectif ? Coacher les candidats et accompagner les founders pour créer de belles aventures en startup. JOB4 en quelques chiffres : 16 collaborateurs, 100+ recrutements par an et 100% de croissance chaque année depuis 2018.

Chloé Goueffon, Responsable du Yaniro Lab

Étudiante en Master Marketing à l'IÉSEG School of Management, Chloé rejoint Yaniro lors de sa césure pour participer au Yaniro Lab, en posant la question de l'impact de l'humain sur les startups.

Philippe Jannet, Co-Fondateur de Yaniro

Expert des changements numériques, Philippe est un des pionniers d'internet en France. Il a créé dès 1996 Les Echos.fr, premier site freemium européen et l'a dirigé pendant 12 ans. PDG du Monde Interactif de 2008 à 2012, il lance les applications du quotidien ainsi que l'abonnement numérique du Monde. Il crée ensuite ePresse.fr, le kiosque de la presse numérique revendu en 2015. Il rejoint alors le groupe Crédit Agricole pour y transformer radicalement la filiale presse UNI Médias qu'il a quittée en 2018 pour redevenir expert indépendant.

Passionné par les transformations des entreprises et les mutations d'équipes, il est coach de dirigeants et des organisations, certifié HEC Paris. Il met à la disposition des startups, des entreprises et de leurs directions, son expertise avérée du changement et de l'innovation, des équipes et des organisations humaines.

REMERCIEMENTS :

En premier lieu, nous tenons à remercier chaleureusement le Hub BPI et ses équipes (Marie DUDICOURT, Benoît NINEUIL et Cécile PLESSIS) pour leur soutien et leur hospitalité dans l'accueil de l'évènement de sortie de ce livre.

Également, en clôture de cet ouvrage chorale écrit à plusieurs mains, nous remercions chaleureusement nos co-auteurs et partenaires de JOB 4 pour leur expertise. La partie « La bonne équipe » n'aurait pas été la même sans eux... Sans compter le plaisir du travail en commun !

Enfin, un grand merci à toutes les personnes ayant soutenu cet ouvrage dans sa construction et sa diffusion :

Guillaume VIGNERON et Marion THEIS de la Super Agence pour leur expertise

Arthur GROSJEAN pour son travail sur la mise en page, la couverture et la direction artistique

Alexandre DURAND, Nicolas GUERRILLOT, Jean LECOURIEUX-BORY, Jérémy LEY, Cécile MOREL, Fabrice PAUBLANT, Jean-Benoît PORTIER, Les Rebondisseurs Français et 60000 Rebonds pour le partage de leurs expériences qui ont permis de valider notre modèle théorique.

Pour leurs nombreux témoignages illustrant la réalité du facteur humain, un grand merci à :

Rodolphe ARDANT, Spendesk

Catherine BARBA-CHIARAMONTI, PepsLab, investisseuse, ex-Cashstore, Malinéa

Kilian BAZIN, Toucan Toco

Jean-David BLANC, fondateur d'Allo-Ciné et de Molotov

Isabelle BORDRY, Retency, ex-Yahoo ! Europe, Digital Mum

Pierre CANARD, Cubyn

Marion CHANEAC, Cap Horn

Benoît CHARLES-LAVAUZELLE, Theodo

Julien COULON, DG Crédit Mutuel Innovations, ex-CEDEXIS

Jean DE LA ROCHEBROCHARD, Kima Ventures

Alice DE MAXIMY, Hkind

Guillaume DORET, Synchronized

Julien JACOB, Ocus, ex-Obiwi, Ringmédia, Média2

Jérôme LASCOMBES, Wiztopic, ex-Hopscotch

Jérémy LAMRI, CTO Jobteaser, Lab RH & ex-Monkey Tie

Mathilde LEFRANÇOIS, Farmitoo

Pierre-Eric LEIBOVICI, Daphni

Jérémie MANI, Netino

Frédéric MAZZELLA, BlaBlaCar

Patrick ROBIN, Avolta Patrners

Benoît SILLARD, Testwe, fondateur de CommentCaMarche

Albert SULZMAN, ScaleUp Booster, Les Rebondisseurs Français

Maëva TORDO, La Boussole & Blue Factory ESCP

Firmin ZOCCHETTO, fondateur de Payfit

A nos partenaires qui nous aident à mettre un coup de projecteur sur le facteur humain dans l'écosystème startup français :

Flore EGNELL et WILLA,

Aurélie VAN PETEGHEM et Daphni,

Valentine GHOZLAN, Benjamin KAMMOUN et WILCO,

Harold CRICO et le MAIF Startup Club,

Karell HERTZOG, Adrienne PLANTUREUX et MakeSense,

Sarah HUET, Isabelle TRESSON et le Partech Shaker,

Gautier BORIES Lafayette Plug&Play,

Camille VENOT et Cap Horn,

Juliette MOPIN, Mounia RKHA et ISAI,

Bruno TESSON et le Campus des Dirigeants

Claire FLIN et Isabelle SALADIN et l'association des Rebondisseurs Français

Colombine DE CHANTERAC et Maxime DECOUESSIN du Réseau Entreprendre